対面的

〈見つめ合い〉の人間学

大浦康介

Oura Yasusuke

筑摩書房

対面的　目次

はじめに　7
1　ガンつける　9
2　目が合ったので　13
3　雑木林で　14
4　サル　15
5　山や森は　16
6　ボクサーたち　17
7　仁義　19
8　観と見　20
9　ディナー　21
10　濡れ場　23
11　「見る」と「視る」　24
12　窃視　25
13　世界の起源　27
14　キス　30
15　ゴリラ　31
16　キス bis　38
17　キス ter　39
18　寝姿　40
19　力（la force）　42
20　眠れるアルベルティーヌ　43
21　恋は盲目　47
22　ミッショナリー・ポジション　48
23　ロメオ　52
24　動物だって痛がる　56
25　自分との対面　59

26 鏡像の深み 63
27 これが私だ 65
28 鏡の前の動物たち 67
29 我と汝 69
30 あいだの国 75
31 生命とのつながり 79
32 対面問題の二領域 84
33 合奏と対話 88
34 顔と体面 90
35 他人という地獄 92
36 顔と倫理 94
37 レヴィナスの〈顔〉 96
38 動物にも顔はあるか 101
39 諸感覚の束 105
40 黙っていられない 107
41 lose control 108
42 マジック・ミラー 110
43 赤面 114
44 視線恐怖 118
45 脇見 124
46 天井 126
47 ひきこもる人々 127
48 家族との対面 131
49 あがる 133
50 対面のマエストロ 136
51 ピアノ・ロボット 138

52 拍手 140
53 アドルノ 142
54 マリオネット 146
55 アンドロイド 148
56 ゲシュタルト 152
57 パリンプセスト 153
58 仮面 154
59 対面の比較文化論 159
60 名誉の闘い 163
61 決闘の終焉 171
62 決闘と戦争 175
63 空の騎士 180
64 ワルキューレ 185
65 天罰のように 187
66 顔を見せろ、名を名乗れ 188
67 非人称の哲学 192
68 二か三か——〈愛〉か〈正義〉か 194
69 自閉症 199
70 人の目を「横から」見る 204
71 うわの空 208
72 埴輪 209
73 石 210
結びにかえて 212
註 215
あとがき 233

対面的

〈見つめ合い〉の人間学

ロメオに

はじめに

本書の出発点にあるのは次のような問いである。人と人とが対面しているとき、いったい二人のあいだには何が起こっているのか。私はなぜ相手の顔をまじまじと、りんごを眺めるように見ることができないのか。もしその原因が、私に向けられた相手のまなざしの存在にあるとしたら、相手のまなざしはどうして私の視覚の働きを妨げるのか、乱すのか。そのとき私はいったい何を「見て」いるのか。

あるいは次のように問うこともできる。誰かと向き合い、見つめ合っているとき、私はなぜ相手から目を反らすことが容易にできないのか。視線を自由に巡らせることができないのか。まなざしが双方向的であることから来るこの「不自由」の正体は何か。相手のまなざしはどうして私を「身動きできなくする」のか。私はいったい何に「呪縛」されるのか。

私がここで問題にしようとしているのはきわめて単純な現象である。ただそれは、まさにその単純さゆえに、またその近さゆえに、それを対象として注視することが容易ではないような現象である。じっさい、私の視覚を乱すような何ものかを、現場においてはもちろん、追憶のなかにおいてさえ、しかと見きわめることができるだろうか。

生身の人と人とが対面しているときに二人のあいだに生まれるこの何ものかを、私は「対面的磁場」あるいは「対面性の磁場」と呼ぼうと思う。なるほどそれは、「磁場」と呼ぶにふさわしい、あるバリアのかかった領域である。二人のあいだには、ぼうとした、熱を帯びたゾーンがある。このイメージを、私は本書を書きながら抱きつづけるだろう。

対面は不思議である。それは暴力性を秘めた「一触即発」の場面であるかと思えば、われを忘れて見つめ合う「夢ごこち」の時間でもある。赤面や緊張をさそう「苦行」の場でもあれば、大胆さや勇気が称えられる「パフォーマンス」の舞台でもある。対面はいたるところにある。対面的磁場はいたるところにある。対面を恐れ、忌避し、それを「かいくぐって」生きる者もいれば、そこに悠然ととどまり、それを快楽や熱狂の糧とする者もいる。いずれにしても、われわれは対面と「折り合い」をつけながら生きてゆくほかない。

私には、世界を思考するにあたって、対面性という軸を導入することで見えてくるものがあると思われた（「世界を思考する」などというナイーヴな言い方を許されたい）。本書に「賭けられているもの」はそこにしかない。それ以外はすべて二次的である。このささやかな「発見の旅」は、当然ながら、対面的でないものについての思考をともなう。それはまた、ときによって、われわれが生きている時代についての考察に導くこともあるだろう。というのも、大きくいって、われわれは明らかに対面をきらう時代に生きているからである。じつのところ、私がいま対面性について語り、いわばその領域を画定し、そこに隠された可能性を「発掘」したいと思うのは、まさにその「反時代性」ゆえなのかもしれない。しかし先は急ぐまい。

以下に綴るのは、この「対面的なるもの」をめぐるとりとめのない思索であり、その途上に散見されたさまざまなテクストや映像との出会いの記録である。

1　ガンつける

「ガン（を）つける」という言葉がある。「ガン（を）飛ばす」とも、「ガン（を）くれる」ともいう。「ガン」とは「眼」のことらしい。『広辞苑』には「眼《ガン》を付ける」だけが載っていて、説明には「相手の顔や眼をじっとみる意の俗語。言いがかりをつける口実として用いる表現」とある。見知らぬ者同士がすれ違いざまに「おまえいまガンつけただろ」と言ってすごむ、あれである。「不良」たちが肩で風を切りながら街を闊歩していた時代――おそらく昭和四〇年ごろまで――を強く匂わせる表現だ。「ガン飛ばす」はいまでもよく耳にするが、いまやこの表現からはそのような匂いは薄れ、単に「にらみつける」、「（にらむことで）威嚇する」といった意味で使われているようである（「ガン飛ばす」は比較的新しい表現なのかもしれない）。

この前時代的な匂いをいまでもとどめているのは、むしろ、関西を中心に用いられる「メンチ切る」（古くは「メンタ切る」）という表現だろう。その語源については諸説あるようだが、「メンチ（メンタ）」の「メン」は「面」のことにちがいない。この「面」はしかも「体面」や「面子（メンツ）」のニュアンスを多分に含んでいると思われる。目つきの鋭さ面を切るごとし、といったところだろうか。ちなみに「ガン飛ばす」は遠隔戦に、「メンチ切る」は接近戦（すれ違いざま）に用いるという指摘もある。「飛ばす」と「切る」では要する距離がちがうということなのだろう。

興味ぶかいのは、『広辞苑』の定義にもあるように、これらの表現はもともと「言いがかり」や「難癖」をつける口実として用いられたという点である（「難癖」というのは芳ばしい言葉である）。つまり「ガンつける」のはあくまで相手であって自分ではない。この動詞の主語は「貴様」や「おまえ」であって、「俺」ではない。

言いがかりの根拠はもとより薄弱である。合理的に説明できるようなものではない。だから難癖をつけられた相手も（対等に応じるなら）「それがどうした」、「なにが悪い」となる。見てなにが悪い、おまえこそ難癖つけて、どういう料簡だ、となる。かくして感情のヴォルテージは上がり、それとともに意味は空転しはじめる。戯画的にいえば、あの「なんだとはなんだ」、「なんだとはなんだとはなんだ」……という、可能的には無限に続くメタ言語的応酬が始まるのである。

もちろん、その前に手が出ていないとしたらの話である。

連中はとにかく喧嘩したくてたまらないのだと考えることもできる。腕がなまって、うずうずして、あり余るエネルギーを発散したくてたまらないのだと。憂さ晴らしにせよ、腕試しにせよ、喧嘩したくてたまらないから難癖をつける。一種の挑発である。その口実として相手が「ガンつけた」と主張する。喧嘩や格闘のきっかけづくり――そうした側面はたしかに否定できない。「俺」は相手に「ガンつけたな」と因縁をつけるが、ひょっとしたら相手は「俺」を見てもいないかもしれないのである。

たしかだと思われるのは、このとき「俺」と相手のあいだには、のっぴきならない、熱を帯びた対面的磁場が発生しているということである。これは視覚の問題であるよりむしろ意識の問題である。「俺」は、見られているという意識、「ガンつけられた」という被害意識を抱く。対面的磁場が、（相手が自分を）見てもいないのに見たと、見ただけなのに睨んだと思わしめる。「ガンつけやがった」と信じさせる。対面的磁場が煽るのである。対面的磁場が「俺」のヴァルネラビリティー（傷つきやすさ）をむやみに膨張させるのだといってもいい。

しかし、対面的磁場の発生は、往々にして、「俺」と相手に共通の、同時的な現象である。「俺」と相手のあいだに発生するとはそういうことだ。加害・被害意識もまた双方向的である。ここにはいわば共同意識の成立がある。相手が「本当に」見たのかどうか、「本当に」睨んだのかどうかは、このさい二次的問題である。相手もまたなんらかの形で対面的磁場の成立に与ったのだとしたら、そのことこそが重要なのである。

対面的磁場が発生するきっかけは、たしかに文字どおり「見る」行為であるとはかぎらない。

すれ違いざまに肩が触れたというのでもいい。あるとき――といってもかなり昔のことだが――場末の映画館で、私の隣に角刈りの、背は低いが屈強そうな中年男が坐った。いかにも「その筋」の人、しかも武闘派といった感じだった。しばらくして、もう一人、今度はチンピラ風の、派手な格好をした若者が、中年男のすぐ前の席に坐った。そのうち館内は暗くなり、上映が始まったが、どうも二人の様子がおかしい。何かがあったというわけではないが、二人のあいだにただならぬ空気が漂っている。一触即発ともいうべき、張りつめた空気である。中年男は、貧乏ゆすりしながら、ひっきりなしに煙草を吸っている（映画館で煙草が吸えた時代である）。若者も、落ち着かない様子で、しきりに坐り直したり、右に左に体の向きを変えたりしている。緊張の糸が切れるのに時間はかからなかった。なんと中年男は、おもむろに手を伸ばし、火が点いたままの煙草を、まるで灰皿の縁に押しつけて揉み消すように、若者のうなじに思い切りなすりつけたのである。思うに、若者は後頭部についた眼で中年男に「ガンつけて」いたのだ。

　この種の因縁をつけられやすい人間というのがいる。それが目つきから来るのか、目を引く顔かたちから来るのか、イキがった格好から来るのか、挑発的に見える身の持し方や歩き方から来るのか、よくは分からない。いずれにしても、このタイプの人間は何かを発散しているのである。それを「気」のようなもの（それも一種の「毒気」）と考えてもいいかもしれない。この「気」を感知した者（「毒気」にあてられた者）が彼に言いがかりをつけるのだと。

　逆に因縁をつけられることがほとんどない人間というのもいるわけだが、一方、同じ人間でも、ときによって因縁をつけられたりつけられなかったりするということを考えれば、なるべく因縁をつけられないようにする方法といったものがあるとも思われる。それはおそらく棘という棘をすべて引っ込め、自分をできるだけニュートラルに保つこと、ちぢこまって、息を殺して、まるで自分など存在しないかのようにふるまうことである。そういえば、二〇〇三年三月一九日午後四時すぎ、人気のないサウス・ブロンクスを独りで歩いていた私がそうだった。*1

2　目が合ったので

福岡県警直方署は三日、原付きバイクに故意に車をぶつけて転倒させ、少年二人に重軽傷を負わせたとして、殺人未遂などの容疑で、住所不定、無職田村芳雄容疑者（二八）――別の傷害罪などで起訴――を再逮捕した。同署によると、容疑を認め「目が合ったので追いかけた。殺しても構わないと思った」と供述しているという。

逮捕容疑は、昨年九月六日、福岡県苅田町の駐車場で軽四自動車を盗み、直方市内を走行中の七日未明、ヘルメットをかぶらずバイクに二人乗りしていた少年グループを見つけて追跡。殺意を持って車の前部を数回バイクの後部にぶつけるなどして転倒させ、いずれも一六歳の少年二人の頭部に重軽傷を負わせた疑い。うち一人は下半身不随の後遺症を負ったという。

同署によると、少年らは途中でUターンして逆走するなどしたが、田村容疑者は追跡を続け、約二〇〇メートルにわたり車をぶつけたり、前に押したりするなどしていた。事件後は、田川市内で車を燃やしたという。田村容疑者は一月、盗難車で検問を突破し、警察官をはねたとして、逮捕されていた。

（『時事通信』二〇一〇年三月三日配信、容疑者名は仮名に変更した）

3　雑木林で

七月四日、神奈川県平塚市の雑木林で一八歳の男子高校生の遺体が見つかった事件で、警察は男子高校生のバイクに車をぶつけて死亡させたとして二〇歳の男を逮捕した。

殺人の疑いで逮捕されたのは、神奈川県藤沢市の自称・土木作業員、山田宏幸容疑者。警察によると、山田容疑者は四日午前三時前、平塚市の雑木林で高校三年の酒井淳さんが運転するバイクに後ろから車で衝突し、殺害した疑いがもたれている。酒井さんは四日、雑木林でうつぶせの状態で死亡しているのを発見され、近くには壊れたバイクがあった。

山田容疑者は四日に出頭し、「バイクで追い越されたときにガンをつけられ、頭に血が上った。追いかけて後ろから衝突した」と供述しているという。二人に面識はなく、警察は交通トラブルが原因とみて調べている。

（『NNNニュース』二〇一六年七月五日配信、容疑者と被害者の名前は仮名に変更した）

4 サル

一九七八年ごろのことである。車で比叡山に行ったときのことだ。ドライヴウェイを走っていると、リュックを背負って歩道を歩いている一人の老人の後姿が目にとまった。よく見ると、杖をついていて、足もとがややおぼつかない様子である。後続車もなかったので、私は老人に追いついたところで車を停め、よかったら乗りませんか、お送りしましょうと誘った。老人は、ありがとう、じゃあお願いしますと気軽に応じた。

話を聞くと、猿の餌づけのために毎日比叡山に通っているのだという。「これが重いので、助かります」といってリュックを開けて見せてくれたのは、透明のナイロンの袋いっぱいに入った餌だった。詳しいことは覚えていないが、「経済的に大変なので」、「前の晩から水に浸けてふやかした大豆（あるいは大豆を混ぜた餌）」をやっているのだと言っていたように思う。

老人はある山道の入口近くで車を降りた。「いっしょに来ますか」といわれて、私は喜んでついていった。山道に入ってしばらくは猿の姿は見えなかった。ところがである。老人が口笛のような、形容しがたい奇声を発したとたん、どこにこれだけいたのかと訝られるほど、ここかしこから猿が現われはじめ、あっという間に周囲は猿だらけになった。トンネル状に繁茂した樹木の枝という枝に猿がぶら下がってキャッキャッ言っている。まさに「鈴なり」である。手づから餌をやる老人の足もとはもちろん、肩の上にまで猿が群がっている。少し離れて立っている私にも、猿は容赦しそうにない。私は正直ぎょっとして、立ちすくんだ。そのときである。老人が言った。「猿の目を見ちゃいけません。目が合ったらかかってきますから、目を見ないでください」

帰路、私は老人をバス停まで送った。後日、知人にこのことを話したら、「それならハザマ先生だろう」と教えてくれた。そのハザマ先生が『サルになった男』（一九七二）を書いたニホンザルの研究家・間直之助博士であることを知ったのは、さらに後日のことである。

5　山や森は

山や森はそこに潜む動物たちの対面的磁場に満ちみちている。森や密林が「こわい」のはそのためだ。

6　ボクサーたち

対戦しようとするボクサーたちは、記者会見の場や試合直前のリング上でしばしば睨み合う。肩をいからせ、相手を上から見下すようにして、至近距離から「ガンを飛ばす」。むろんショー的要素は否定できない。彼らがほとんど滑稽に見えるのは、鬼の形相だけでなく、この触れあうほどの顔の近さゆえでもある。これは明らかに「やりすぎ」なのだ。

睨み合うボクサーたちは、物理的な位置関係においても、心理的な力関係においても、相手の上に立とうとする。相手を支配しようとする。しかしどちらも負けてはいない。対面的磁場はこのように拮抗関係の場である。一方のまなざしが他方のまなざしを受け止め、それに耐え、それを凌駕しようとしながら、拮抗関係をいわば支えている。そこでは、つかの間の平衡状態が保たれている。流動的な、あやうい平衡状態である。

目を反らした方が負けである。目を反らすことは、この拮抗関係を支えきれなくなったということ、「降りる」ということを意味している（これは、飼い主に面と向かって睨まれた犬が視線を反らすのに似ている）。一方が目を反らしたとたん、均衡は崩れ、対面的磁場は消える。そのとき他方は、相手を観察ないし検分の対象としてまじまじと眺めることができる。

試合開始のゴングが鳴ったあとの、対戦中のボクサーたちのことを考えてみよう。対面関係はもちろん続いている。彼らは、対面しつつ、相手に対してパンチを繰り出す。右、左、右ジャブ、右フック、左ストレート……。やはり対面が煽り、「燃え」させる。と同時に、対面から来る拮抗関係があるからこそ、自由に打ち合いができる。というより、それが許される。これはどういうことだろうか。

ボクシングでは、いうまでもなく、背中を向けた相手や倒れた相手を殴ることは禁じられている。[*1] アンフェアだとされている。相手が闘う体勢にないときに殴るのは卑怯だからである。もっというと、背中を向けた相手やダウンした相手を殴ることは、いわばモノを殴るようにして人間を殴ること、すなわち人間をモノ扱いすることである。ダウンした相手を執拗に殴りつづける「狂った」ボクサーを想像せよ。

対面している相手にたいしては一種の抑制がはたらく。モノを殴るようには殴れない。だから逆に自由な殴り合いが許されるのである。対面しているかぎり、殴り合いはひとつのゲームとして、競技として成立しうる。対面がいわばフェア・プレイを下支えしているのである。後述するように、対面は「道徳的」ふるまいを課す。

名ボクサーというのは、おそらく、対面的興奮に呑まれてしまわないボクサーである。対面的磁場にあって、自分を煽りつつ、ときに密かに対面をかわし、盗み見るように相手を観察することのできるボクサー、対面的磁場のただなかにありながら自分を「冷やす」ことのできるボクサーである。

7　仁義

「仁義を切る」という行為がある。江戸時代以来、博徒や香具師が仲間内で行ってきたとされる初対面時の挨拶行為である。中腰で脚を前後に開き、掌を上に向けて手を前に差し出しながら「手前、生国と発しますは……」と自己紹介の口上を述べる。いまや時代劇やヤクザ映画でしか目にすることのない慣習だが、仁義は礼儀でもあるからもとより暴力的なふるまいではない。それどころか、「お控えなすって」「お控えなすって」という有名な冒頭の応酬からもうかがわれるように、交わされる言葉の内容だけからいえば、そこに見られるのはむしろ過剰なまでの譲り合い、滑稽なまでのしきたり重視である。

しかし仁義を切る場が、緊張を孕んだ初対面の場であることも事実である。とくに旅人《たびにん》が一宿一飯の恩義を乞うために土地の親分を訪ねる場合には、仁義は同業の証であり、一種の身分証明であるから、言い間違いは許されない。素性を偽っていると疑われるようなことでもあれば、その場で切り殺されてもしかたがない、そんな不文律まであったようだ。

そして、ヤクザ同士が仁義を切るときに重要だとされるのもまた、相手の目をしっかり見据えておくこと、けっして目を反らさないことである。

8 観と見

宮本武蔵は、剣術の心得のひとつとして「目付《めつけ》」を説いている（『五輪書』ほか）。それによれば、目は「大きく広く」付ける。目付には「観」と「見」の二つがあり、「観の目強く、見の目弱く、遠き所を近く見、近き所を遠く見る」ことが大事である。目をやや細めて「うらやか」に見ることや、目の玉を動かさないことも肝要とされる。

俗に「見」が目で見ることであるのにたいして、「観」は心で見ることだなどと言われるが、「見」が、私がここでいう「純粋な視覚」に近いものであることは明らかだろう。武蔵は、そのような通常の視覚にあまり囚われず（「見の目弱く」）、いわば大まかに、ざっくりと、遠近を逆転させるくらいの心持ちで（「遠き所を近く、近き所を遠く」）見よ、それが「観」の意味だ、と説いているようである。

刀剣をもってする対戦の場はいうまでもなくすぐれて対面的な場である。しかし、武蔵が懸念するのは、私の場合のように、対面的磁場によって視覚が乱されることではない。目が眩まされることではない。むしろ「見」ようとするあまり「観」られなくなること、ありていに言えば細部を見ようとして全体が見えなくなることである。「敵の太刀を知り、いささかも敵の太刀を見」るべきではないと言っているのもこの意味だろうと思われる。

武蔵にとって対面的空気に呑まれないことは「目付」以前の問題であったろう。そのための心得は別にあった。すなわち「心持《こころもち》」の項で説かれている「常の心」（平常心）である。これは、対戦の場にありながら、心のうちで平時の場に身を置くこと、いわば「そこにいて、そこにいない」ことである。

武蔵のいう「観」は、対面的磁場にあってなお可能なものなのか。それとも対面的磁場にあればこそ可能であるような何ものかなのか。私は後者だろうと思う。つまり、戦いの場にあるからこそ「観」ることができるのではないか、対面の興奮が「観」を可能にするのではないかと思うのだが、どうだろうか。

9　ディナー

私はある女性と向かい合って食事をしている。彼女の目を見つめ、ときどき視線を宙に漂わせながら、「熱く」語りかける。彼女は彼女で、伏し目がちながら、ときどきナイフとフォークを握った手を休め、私を見上げるように見つめ返す。こうして「夢ごこち」の時間が過ぎてゆく。

独りになって、今夜彼女がどんな服を着ていたか思い出そうとする。しかし思い出せない。たしか白っぽいワンピースを着ていたような気がするが、よくわからない。

私はある女性と向かい合って食事をしている。彼女の目を見つめ、ときどき視線を宙に漂わせながら、「熱く」語りかける。彼女は彼女で、伏し目がちながら、ときどきナイフとフォークを握った手を休め、私を見上げるように見つめ返す。こうして「夢ごこち」の時間が過ぎてゆく。途中、彼女がトイレに立つ。私に背を向け、目の前を遠ざかってゆく。私は彼女の後ろ姿をまじまじと眺める。白地に黒の千鳥格子が入ったワンピースだ。生地をとおして、腰の躍動が手にとるように分かる。私が独りになったのは翌日の昼すぎだった。

私はある女性と向かい合って食事をしている。彼女の目を見つめ、ときどき視線を宙に漂わせながら、「熱く」語りかける。彼女は彼女で、伏し目がちながら、ときどきナイフとフォークを握った手を休め、私を見上げるように見つめ返す。こうして「夢ごこち」の時間が過ぎてゆく。途中、彼女がトイレに立つ。私の横を通りすぎ、視線とは反対の方向に歩いてゆく。私は、ふり返って彼女の後ろ姿を見る誘惑に駆られるが、別のテーブルにいる婦人がこちらを見ているのに気づいて思いとどまる。独りになって、今夜彼女がどんな服を着ていたか思い出そうとする。しかし思い出せない。たしか黒っぽいワンピースを着ていたような気がするが、よくわからない。

10　濡れ場

ポルノグラフィーでは、「濡れ場」で男が女のからだをまじまじと見る瞬間がある。たいていは女が背を向けたときである。あるいは面と向かいつつも、女の視線が周囲にたゆたうときだ。そのとき男は、盗み見るようにして女のからだを眺める。その皮膚のきめを、肉の躍動を、筋のこわばりを、確認するように検分する。その瞬間、男の目つきが変わっている。そのとき男は独りである。クンニリングスをしながら、ちらちらと女の顔をうかがうときも同じである。男はのけぞった女の表情をうかがいながら、そこに興奮の証を確認しようとする（例はいわゆるポルノにかぎらない。たとえば映画『氷の微笑』（一九九二）でシャロン・ストーンとマイケル・ダグラスが演じるカップルの濡れ場のシーン）。

フェミニストが批判する女性の身体の物象化がそこにはある。それはたしかである。しかし原理的には物象化に女も男もない。現実的に男が女を物象化することの方がその逆よりも多いというだけだ（もちろんこの現実は問題にされてよい）。物象化は汲めども尽きせぬ昂奮の泉である。しかし重要なのは、物象化は対面性とのコントラストにおいて誘《いざな》うということである。対面性（見ているが見ていないという対面状態）と物象化（対象から距離をとって凝視すること、「客観視」すること）がいわば交互に混じることで昂奮が生じるのである。倒錯的というなら、この混交こそ倒錯的だというべきだろう。[*1]

二人が互いを見つめ合いながら、上半身は一定の距離をとりつつ、しかし下半身で交合している——そういうシーンを想像してみよう。どちらも交合している部位をときどき眺めながら、また目と目を見つめ合い、距離をとりつつ結ばれている。日本近世の四八手でいえば「入船本手」や「狂い獅子」といったところだろうか（『鴛鴦閨房秘考』）。先の混交を「体位化」したら、ひょっとしたらこうなるのかもしれない。

キスの直前にも似たようなことが起こりうる。二人が目と目を見つめ合いながら、同時に相手の唇をちらちらと見る。あるいは、いままさに貪ろうとしている唇を「これ見よがしに」眺める。つまり唇を見ている自分を相手に見せつける。挑発である。ここでも対面と対象視が交互に繰りかえされる。

11 「見る」と「視る」

対面は「相手に見られている」という意識をともなう。対面は〈見る／見られる〉場である。〈見る／見られる〉場からは、何度も言うように、「純粋な」視覚は疎外される。この視覚をいま

「視る」ことと表現するなら、相手に見られているとき（見られていることが分かっているとき）、われわれは相手を同じように見返すことはできても、視ることはできない。[*1]

いや、じつは見返すことも容易ではない。見返すことは射返すことだからだ。これには勇気がいる。とくに何らかの「やましさ」を抱えているとき、われわれは見返すことができない。「ママの目を見て話しなさい」と、よく母親に言われたものだ。「やましいことがないんだったら、ちゃんと目を見て話せるでしょ」と。まるで見つめ合うなかでは嘘がつけないとでもいわんばかりに。まるで私の目をとおして、私の「心の中まで見透かす」ことができるとでもいうように。

12　窃視

窃視（のぞき見）とは、見られることなく見る（視る）ことである。窃視者は、相手のまなざしから来る「まぶしさ」に照射されないので、相手の上に自由に視線を這わせることができる。そこでは視線の力学にアンバランスが生じている。もはや拮抗関係はなく、相手の抵抗を受けない、抵抗をかいくぐった、一方的な視線が相手の上に注がれる。

しかし窃視者の視線は「神」の視線ではない。それはあくまで「罪ぶかい」人間の視線である。彼の興奮が、誰も見ていないと思っている相手の、ふだんなら人に見せない姿態を見ることから来ることはたしかである。この視線が「この世の外」からの視線に似ていることも疑いえない。その意味でも不遜な、まさに「罪ぶかい」視線である。

　しかし、窃視者の真の興奮は、窃視がいわば対面と隣りあわせであるというところから来る。つまり、窃視が発覚し、相手がいまにも「こちらを見る」のではないかという不安から来る。安全な窃視というものはない（少なくともそれは「窃視」と呼ぶに値しない）。それは形容矛盾というものだ。窃視映像は、撮影者のうろたえや手ぶれがなければ嘘である。

　もっというなら、窃視者は窃視の発覚を恐れていると同時に望んでいる。彼の興奮と快楽は、窃視の発覚をなまなましく想像し、恐れることと切り離せない。大げさにいえば「重大な罪の意識」と切り離せない。窃視者はどこかで罰せられることを望んでいる。

　プルースト『失われた時を求めて』の第四篇『ソドムとゴモラ』の第一部冒頭に、シャルリュス男爵と仕立屋ジュピアンという同性愛カップルの逢引の様子を語り手が盗み聴きするシーンがある。仕立屋の仕事場で二人は愛し合うのだが、そのすぐ隣に、彼らに気づかれずに盗み聴きできる恰好の場所があるのである。ただ語り手は、そこに行くのに、建物内の入り組んだ通路をたどるのではなく、人目につきかねない中庭の隅を通るという無謀な行動に出る。彼によれば、それには三つの理由があった。

　ひとつは、急いでいたから（中庭を通るほうが早く行けた）。もうひとつは、まさに無謀さゆえに。三つ目は、子供っぽい冒険心から（イギリス軍と戦うなかでこれよりはるかに大きな危険に身を晒していたボーア人のことを思い描くことで、「何をこれしきのこと」という気持になれた)。注目したいのは二つ目の理由である。語り手はこれを次のように説明する。「私が立ち会ったこの種の事柄というのはつねに、その準備段階において、きわめて向う見ずな、突拍子もない性格を帯びていた。まるでこうした新事実の発覚は、〔……〕さまざまな危険に満ちた行為があってはじめて、その報償として与えられるとでもいうように。[*1]」

この盗み聴きのシーンから語り手が引き出す教訓のひとつをついでに紹介しておこう。「苦痛と同じくらい喧しいものがある。それは快楽である。[*2]」快楽のさなかにある人間は、苦しみに喘ぐ人間と同じくらいやかましい声を上げるということだ(「喉をかき切って殺すときのような」と語り手はいう)。どんな快楽か、推して知るべしである。

13　世界の起源

クールベに《世界の起源》という裸体画がある。もともと個人愛好家のために描かれ、その後、一九九五年にオルセー美術館に買い上げられるまでの約一三〇年間、カムフラージュまで施されて秘蔵されてきた作品である。《世界の起源》には、全裸でベッドに寝そべり、たくましい両の太腿をこちらに向けて大きく広げた女性がクールベ流のリアリズムで描かれている。画面のほぼ中央を占めているのは、黒々とした茂みとそれを貫く一本の「溝」である。

　この絵には顔が描かれていない。両肩と首も、たくしあげられたように見えるシーツに覆われて見えないが、頭部はまったく画面の外である。この頭部の欠落は、この絵にある種の「忌まわしさ」を付与しているように感じられる。この絵がショッキングだとしたら、それは「大股開き」の描写以上に、この頭部の欠落から来ているように思われる。

　この絵を、盗み見られた就寝中の女性を描いたものと考えたらどうだろうか。そして「見られることなく見る（視る）」可能性が、ここではこの頭部の不在によって「意味」されているのだとしたら。なるほど鑑賞者は、モデルの顔が見えないことで、モデルの身体の上に「心おきなく」視線をめぐらせることができる。絵なのだから、顔が描かれていても同じだろうといわれるかもしれない。しかし、はたしてそうだろうか。絵を眺めるということが幾分かは画家の視線を共有することだとするなら、いや画家というより、現実に裸婦を目の前にした者の視線を想像のなかで追体験することだとしたら、絵に正面を向いた裸婦の顔が描かれているときにも（いわんやその裸婦がこちらをじっと見つめているときにも）、われわれはまったくたじろぐことなく、検分するように、仔細に、彼女の身体の部位を眺めることができるだろうか。

　着衣であれ、裸身であれ、人物画にとって頭部はプロポーションの目安であり（「八頭身」云々）、身体の審美的（ギリシア的）な全体性《ホールネス》あるいは無欠性《インテグリティー》にとって欠かせない要素である。また顔は、眼とともに、「精神性」あるいは「内面性」のありかとされる。眼を入れることで人物は「活き」、絵は締まる。それは人物画を完成させる仕上げの一筆（finishing touch）である（「画竜点睛」の故事を引き合いに出して、ことは人物画に限らないと言うこともできるだろう）。対面する裸婦の目は、観者の目を受け止め、射返す。そこには拮抗関係がある。絵とはいえ、そこにはのっぴきならない「対決」がある（画家はそのことを知っているはずだ）。この射返すまなざしがないとき、ましてや頭部がまるごと欠落しているとき、身体はオブジェ（モノ）と化す。その究極が死せる身体である。たとえば列車事故で、あるいは猟奇殺人で、無残にもバラバラにされた人体を想像せよ。死ぬことで、人体は屍体となる。屍体の眼を閉じさせるのは、死を完成させる「仕上げの一筆」である。眼が開いているあいだは死は完成されない。

翻って、こう問うこともできる。《世界の起源》の裸婦にどのような顔が想像できるだろうか。みだらな笑みをふくんだ顔だろうか。けだるそうに目を半ば閉じた顔だろうか。熟睡をうかがわせる寝顔だろうか。もとより想像するのは自由だが、顔を描き入れるのであれば、それに応じて、すでに描かれた部分も、構図も画想も変わることを覚悟しなければならない。生きた身体を描くとは、畢竟そういうことである。

14　キス

目と目をじっと見つめ合う人間が、次にとる行動は、攻撃のために相手に飛びかかるか、キスするかのどちらかである——誰が言いはじめたのかは知らないが、西洋ではそんな言い方があるらしい。両極端の行動に出るということだ。一方、宮廷恋愛以来の西洋の恋愛史を、〈まなざしの馴致〉（そもそも暴力的なまなざしを飼い馴らすこと）の歴史と考えることもできる。

思えば、キスほど対面的な行為もない。もちろんキスでは、対立（opposition）ないし葛藤（conflict）はラディカルに回避されている。それはいかにして可能なのだろうか（心理的にではなく「構造的」にいかに可能なのか）。

ひとつには距離の問題があるだろう。対面が葛藤的《コンフリクチュアル》であるのは「ある距離まで」で、近すぎると（もちろん遠すぎても）葛藤は無化されると考えられる。キスの場合は至近距離というより、可能なかぎりの距離の排除である。ディープ・キスともなると、互いの唇が相手の口蓋に「埋没」し、舌と舌とがもつれ合う。そこでは対面の「面（界面）」は両側から大きくえぐられ、面を成さない。

もうひとつの要因は、口という器官の性格から来ると考えられる。口は発声器官であると同時に摂食器官でもある。キスではその口が塞がれるのである。キスする者同士が互いの口を塞ぎ合うのである。しゃべれなく、食べられなくするのである。互いがおのれの口を食べものとして、いや「吸いもの」として相手に提供するのだとも言える。美味なお吸いものだ。これはおいしい。キスは「口を封じる」。「四の五の言わせない」。恋人との口げんかを終わらせたかったら、キスをするに如くはない（セックスでは、口が自由なぶん、「毒づく」可能性は残されている）。キスにおいては、対面性は言語との結びつき（言語の援軍？）を絶たれる。ところで、バベルの比喩を持ち出すまでもなく、言語こそは、まなざしとはまた別種の、葛藤の源ではないだろうか。

15　ゴリラ

山極寿一の『野生のゴリラと再会する』（二〇一二）によると、対面相手の目を見つめることは、ゴリラにとってはかならずしも威嚇や挑発を意味しない（少なくとも彼が一九八〇年代初めに調査していたルワンダのマウンテンゴリラについてはそういえるようである）。山極は、あるときシリーと名づけられた十歳のオスのゴリラにじっと見つめられるという体験をするのだが、その体験について語りながら、ゴリラをニホンザルと比較している。[*1]

こんなとき、相手がニホンザルならば、視線を合わせないほうがいい。ニホンザルが相手をじっと見つめるという行動は、軽い威嚇だからだ。見つめることができるのは強いサルの特権で、弱いサルは視線をそらさなければならない。強いサルを見返せば、挑戦と見なされて、攻撃される。

サルたちはけんかを防ぐために、どちらが強く、どちらが弱いかをたがいにはっきりと認めあって、くらしている。食べ物や休み場所など、取り合いになりそうなことがあれば、弱いほうがゆずる。一度勝ち負けを決めてしまえば、それ以上争う必要はない。このルールは、サルたちの知恵と言っていいだろう。

わたしは、ニホンザルを調査したそれまでの経験から、とっさに、ゴリラでも同じようなルールが通じるだろうと考えた。おそらくシリーは、自分が強いことをわたしに認めさせたいのだ。だから、わたしが視線をそらして弱いことをしめせば、シリーは満足し、わたしへの関心を失うはずだ……。

自分より強い者に見つめられたら目を反らすというのは、先述したように、犬も同じである。犬は飼い主に凝視されるとたいてい目を反らす。山極は視線を反らし、シリーが立ち去るのを待った。

ところが、シリーは立ち去ってくれなかった。横を向いているわたしにさらに近づいてくると、少し回りこみ、わたしの顔のほうへ自分の顔を寄せ、じっとのぞきこんだ。わたしは、生きた心地がしなかった。目のはしでシリーのようすをうかがうと、じっとわたしの目を見つめている。シリーはなおも、顔を近づける。わたしの目から見ると、ぼやけてしまうほどの、15から20センチメートルまで顔を近づけると、ぴたりと静止した。そして、そのままで一分近くも、顔と顔を突き合わせたのである。わたしは目をそらしたまま、じっと動かずにいた。

やがてシリーは遠ざかる。

シリーはようやく顔を動かし、5メートル離れた元の位置にもどり、なおもわたしの顔をしげしげとながめて、「グフーム」〔ゴリラが通常かわす挨拶の言葉〕とうなった。それから数歩離れると、やにわに胸をたたき、早足で去っていったのである。

わたしはほっと胸をなでおろしたが、キツネにつままれたような感覚だった。いったい、シリーは何をしたかったのだろう？　わたしに強さを認めさせたかったのだろうか。いや、明らかに、シリーの態度はニホンザルとはちがっていた。ニホンザルは、あんなに近くまで顔を寄せてこないからだ。

それに、帰り際に胸をたたいたシリーは、なんとなく不満そうだった。もしかしたら、これには何か、べつの意味があるのではないだろうか。


かくして山極は、ゴリラどうしが顔を突き合わせる場面に注目し、ゴリラにおけるこの行動の意味を探りはじめる。[*1] その結果、ゴリラはまず遊びに誘うときや、食事や就寝の場所を譲ってほしいときに相手に近づき、顔をのぞきこむということが判明する。とくに後者の要請は、意外にも年下から年上に向けてなされることが多く、またその方が成功率（聞き入れられる可能性）も高いらしい。「この結果は、ニホンザルとは正反対だ。ニホンザルでは、強いサルがいつも食べ物を独占する。ゴリラでは年下、つまり弱いほうが強いほうに食べ物を要求して、それを得る。どうやらゴリラでは、相手をのぞきこむのは弱いほうらしいのだ。」

もうひとつの意味は、喧嘩の仲裁である。一頭のゴリラが、いまにも喧嘩しようとしている二頭のあいだに割って入るかたちで、それぞれの顔をのぞきこむ。あるいは喧嘩のあと、当事者どうしが顔を突き合わせて仲直りをする。顔を突き合わせることが単なる挨拶であることもあるらしい。

タイタスというゴリラは――じつはこれが山極の本の主人公なのだが――、突然の雨のなか、大木の洞に駆け込んでいた山極に近づいてきて顔をのぞきこんだ。狭い洞でいっしょに雨宿りさせてくれというのである。こうして彼は、アフリカ奥地の山のなかで、一頭の野生ゴリラと身を寄せ合って雨宿りをすることになる。感動的な情景だ。

そうやって二時間ほど、わたしたちは抱き合って雨宿りをした。タイタスはよく眠っていたが、わたしは一睡もしなかった。タイタスの胸の鼓動が伝わってくる。わたしは、タイタスの心の中がわかるような気がした。

さきほど顔を突き合わせたとき、おそらくタイタスは瞬間的に、わたしが受け入れてくれると悟ったのだ。だから、疑うことなくわたしに体をあずけて眠ることにしたのだろう。そうすることが、きっと心地いいにちがいないと思ったのだろう。

わたしは、そう決断できるゴリラがとてもうらやましかった。顔と顔を見つめるだけで相手の心の中がわかり、確信できるなんて！

つまり、山極によれば、ゴリラが対面相手の顔を見つめるのは、アグレッシヴな行動ではなく、逆に信頼関係を前提とした、いわば愛情の確認なのである。山極はさらに、ゴリラは人間とはちがって「顔で相手の心がわかる」のだという。

こうした行動は、ゴリラだけでなく、チンパンジーにも見られるらしい（ただ、チンパンジーの場合は、ゴリラよりも多様で頻繁な身体接触をともなうらしい）。私が山極氏から直接聞いたところでは、とにかく「オナガザル科（ニホンザルもこれに属する）はちがう」とのことだった。もっとも、氏はゴリラにも威嚇のための凝視がないわけではないとも言っていた。また氏によれば、ゴリラには「尻を見せると追いかけられる」らしい。

いずれにしても、この対面行動の発見は、とりわけ人間との比較において、進化上の大問題を提起する。

おそらく、ゴリラやチンパンジーなどの類人猿と人間の共通の祖先は、顔を突き合わせる行動を重要なコミュニケーションの方法としていたはずだ。それがなぜ、わたしたち人間には見られないのだろうか。

おそらく、わたしたち人間は、言葉を持ったことで、顔を近づける意味を弱めたにちがいない。言葉を使って会話をするには、顔を近づけすぎず、少し距離を置くことが望ましい。そのほうが、なにかと効果的だからだ。わたしたちが相手と話すようすを思い浮かべると、それはすぐにわかる。会話するとき、わたしたちは相手の目を見ているはずだ。人間の目は心の内側をしめすから、目を見ながら言葉を使い、相手の心を読む。

いっぽう、ゴリラたちの目は、白目があるわたしたちの目とちがって、全体が茶色っぽい。だから、目の微妙な動きから、心の内を読み取ることはむずかしい。それで、かわりに近くに寄り、顔を見つめて、相手の気持ちを確信するのだろう。

山極の主張のポイントはおそらく二つある。ひとつは顔と顔の距離の問題であり、もうひとつは相手の心を「読む」かどうかという点である。ゴリラは目の焦点がぼやけるほどの至近距離から相手の顔をのぞきこむ。これはたしかに人間には（少なくとも大人どうしの通常の関係においては）ないことである。先述したように、対戦前のボクサーが大げさにそうすることはあるが、その場合は明らかな力の誇示ないし威嚇であり、目つきも、体勢も異なる。またゴリラは人間のように対面相手の心を忖度したり、「読もう」としたりはしない。そのような「知的」アプローチはとらないと言った方がいいかもしれない。彼らは了解し、「確信」するのである。〈読む〉のではなく〈信じる〉のだ。それが、類人猿と人間が進化の途上で別れる以前の、共通のコミュニケーション方法だったのだと山極はいいたげである。

このゴリラの顔の突き合わせ（あるいは、のぞき込み）を私がここでいう対面の範疇に入れていいのかどうかは疑問だが（対面にしては顔が近すぎるし、目よりも顔の役割の方が大きいようである）、もしそうしていいのだとしたら、このゴリラの行動は対面の「起源」について再考を迫るものである。私は、対面というものはもともと暴力的であり、先に恋愛について述べたことを敷衍していうと、人間の文明史はある意味でこの暴力の馴致の歴史だったのではないかと考えるのだが、対面性の本源はひょっとしたらそれよりはるか以前、ここに見るようなゴリラ的コミュニケーションにあるのかもしれない。

人間のもつ言語がこの種のコミュニケーションのむしろ妨げになっているという指摘も面白い。言語は「距離化」と不可分であり、本質的に遠隔コミュニケーションの道具なのである。

16　キス bis

キスはすぐれて精神的な性愛行為だとされている。「キスはインド＝ヨーロッパ語圏以外では行われないというのが広く流布している意見である」とマリノウスキーは書いている。[*1] 彼自身はこれに懐疑的だったが、こうした意見がかつて存在したことじたいは疑えないようである。一方、娼婦は客とセックスはしてもキスはしないと言われる。キスは好きな男としかしないのだと。真偽のほどはともかく、娼婦自身がそう主張するケースは十分に想像できる。

それにキス・シーンほど嫉妬心を煽る光景もない。愛する人が自分以外の誰かとキスしている光景が嫉妬心を強く刺激するのは、唇を合わせる行為が身体的のみならず精神的な受け入れ（acceptance）をも意味するように思われるからだ。

「セックスはしてもキスはしない」――そんな言い方がされるとき、図式的にはキスは〈恋愛〉の側に、セックスは感覚的快楽の側におかれている。それはおそらく、キスが対面性（葛藤なき対面性）と結びつけられるのにたいして、セックス――とりわけ「よこしま」な、倒錯的なセックス――は往々にして物象化の領域だと見なされるからだろう。

自分の愛する人が自分以外の人からキス（対面）されているところを見る方がつらいか、それともセックス（物象化）されているところを見る方がつらいか（もちろん「されている」が「している」であってもかまわない。その方がさらにつらかろう）。これはじつは難しい問題だ。キスは許せないと同時に許せるのである。なぜなら、キスは対面的であることで〈道徳〉を持ち込むからだ。キスする者は、おそらくセックスの場合とはちがって、相手を多少とも引き受ける（assume）のである（キスのうとましさもまたそこにある）。自分の恋人のキス・シーンを垣間見る私は、打ちのめされると同時に胸をなでおろす。自分の恋人のセックス・シーンを目にしたときの荒涼感はそこにはない。

17　キス ter

セックスができないときはないが、キスができないときはある。もっとも、キスができないからセックスもできないというときもある。たとえば、狂わんばかりに嫉妬しているときは、セックスはできても（というか、そんなときはことさらに攻撃的な、淫らなセックスをしたがるものだが）、キスはできない。

彼女は他の男の匂いをさせて帰ってきた
そこで僕は彼女に接吻出来なかった
それから二人は太陽の熱さの残っている
ふとんに入った
その日は一日いい天気だった
それでも僕は接吻出来なかった
〔……〕

（谷川俊太郎「接吻」）

18 寝姿

愛する人の寝姿を飽かずに眺めること——眠るアルベルティーヌを眺める『失われた時を求めて』の語り手のように、眠れる森の美女を眺める王子のように。これについて、恋愛を論じるロラン・バルトは次のように言う。

ときに、あるアイデアが私をとらえる。私は愛する人の身体をゆっくりと探査する（眠るアルベルティーヌを前にした語り手のように）。「探査する（scruter）」とは「くまなく調べる（fouiller）」ということだ。私は相手の身体のなかに何があるかを知りたいとでもいわんばかりに、私の欲望の原因はひとえに相手の身体のなかにあるとでもいわんばかりに、相手の身体をくまなく調べる（そのとき私は、時間とは何かを知るために目覚まし時計をバラバラに分解する子供に似ている）。これを私は冷静に、かつ驚きをもって遂行する。私は、急に怖くなくなった奇妙な昆虫でも前にしているかのように、落ち着いているし、注意ぶかい。この観察（observation）にとくに適した身体の部分というのがある。睫毛、爪、髪の生えぎわなど、きわめて部分的な対象がそれである。私がこのとき一人の死者を物神化《フェティッシュ》しようとしていることは明らかだ。その証拠に、もし私の探査している身体がじっと動かない状態を脱したら、もしそれが何かするようになったら、私の欲望は変化する。もし、たとえば、相手が思考しているのが分かったら、私の欲望は倒錯的であることをやめ、ふたたび想像的《イマジネール》なものになるのである。私はひとつの〈イマージュ〉に、ひとつの〈全体〉に戻るのだ。ふたたび愛するのである。[*1]

この欲望の変化は、私流にいえば対面性の回復である。

静かに眠っているかぎり、相手は閉じた（死んだも同然の）身体であり、その（ありもしない？）内部の測深・探査のためにためつすがめつ観察される対象である。それはフェティッシュとして崇められる細部の集まりだとバルトは言う。ネクロフィリア（屍体性愛）の対象だとも言いたげである。いずれにしても、愛する人の寝顔を宝物のように眺める、こうしたシーンには誰しも見覚えがあるだろう。

ところが、ひとたび相手が不動状態を脱するや、というよりひとたび相手に意識や意志がよみがえるや、相手の身体は開かれ、対面性の磁場が復活する。バルトはこれを〈部分〉から〈全体〉への、〈死〉から〈生〉への、〈倒錯〉から〈愛〉への移行として語っている。思うに、対面的磁場に身をおくとは、生を生としてとらえるということにほかならない。生の予見不能や制御不能をそのまま受け入れるということにほかならない。それは相手をあらためて「怖い」と思うことでもある。

19　力 (la force)

ロラン・バルトは次のようにも述べている。

もし私がおまえのことを、ひとりの人間としてではなく、ひとつの力（force）として定義したら、どんなことになるだろうか。また私自身のことを、おまえという力と対面するもうひとつの力として位置づけたら、どうだろうか。そんなことをしたら、私の相手は、私に与える苦しみないし歓びによってのみ定義されることになるだろう。[*1]

対面する二人は人間（人格）としてではなく力としてある――それはどういうことか。それはまず、彼らは互いにとって観察したり、心理を忖度したりできるような知的操作の対象ではない（そもそもまったき対象ではない）ということ、互いに反応するに感覚や感情（「苦しみや歓び」）をもってするほかない、そんな存在だということである。それはまた二人が、一方の定立が他方のそれと不可分であるような、相互依存の関係にあるということでもある。ただし、バルトはこのことをあくまで非現実の仮定として、つまり一種の理想として述べているということも忘れてはならない。

20　眠れるアルベルティーヌ

では、眠るアルベルティーヌを眺める『失われた時を求めて』の語り手は、自身どんなことを言っているのだろうか。少し長くなるが、語り手の思考を細かくたどってみよう。

アルベルティーヌは、語り手がつかのま父親の書斎に本を探しに行っているあいだも、彼のベッドで横になり、疲れから寝入ってしまう。彼は部屋に戻ってそれを発見するのだが、起こさない。この上なく自然なポーズで眠っているアルベルティーヌは、まるで花を戴く長い茎のようである。

　夢想することは、彼女がいないときにしかできなかったが、こうした瞬間には、彼女がすぐそばにいるのにそれができるのだった。あたかも彼女が、眠ることで、一本の植物になったかのように。こうして彼女の眠りは、ある程度において、愛の可能性を実現してくれた。私ひとりでいるときは、彼女のことを想うことはできても、彼女がいないわけだから、さびしくもあり、所有しているという感じもなかった。逆に彼女がいるときは、彼女に話しかけるが、私自身がうわの空で、ものを考えることができなかった。しかし彼女が眠っているときは、しゃべらないでいいし、彼女に見られていないということも分かっているので、上っ面で生きる必要がなかったのである。[*1]

「彼女が眠っているときは、しゃべらないでいいし、彼女に見られていないということも分かっているので……」とは面白い指摘である。逆にいえば、相手が起きているときは（つまり対面状態では）しゃべらないといけないし、見られているという意識も払拭できないということだ。かくして相手の眠りは、対面状態の「不自由」を逆照射してくれる。(私なりに言い換えるなら)対面は疲れるのである。対面しないですむのは楽なのだ。それだけではない。この語り手にとって真に重要なのは、アルベルティーヌの眠りが、対面を回避させてくれることで、夢想したり、思考したりすること、つまりは自分が自分であることを可能にしてくれるということである。在と不在のよろこばしい中間状態、それが眠りなのだと語り手は言っているかのようである。

目を閉じ、意識を失いながら、アルベルティーヌは、知り合って以来ずっと私を失望させてきた人間としてのさまざまな性格をひとつまたひとつと脱ぎ捨てていったのだった。彼女はもはや植物の、樹木の無意識的な生命に突き動かされているにすぎず、その生命たるや、意識ある生命以上に私の生命とは異なる、風変りなものだったが、にもかかわらず私のものだという感じはより強かった。彼女の自我が、私たちがおしゃべりをしているときのように、秘密の考えやまなざしをとおしてひっきりなしに逃げてゆくということはなかった。彼女は外面的な自分をすべて内部に呼び戻していたのである。彼女はおのれの身体のなかに避難し、閉じこもり、凝縮されていた。私は、彼女を眼下におき、掌中にしていた。彼女のすべてを所有しているという印象をもった。彼女が起きているときにはついぞもったことのない印象である。彼女の生命は私にゆだねられており、軽い吐息を私に向けて漏らしていた。[*1]

覚醒時の、意識があるときのアルベルティーヌが、まことに厄介な、「男泣かせ」の女性であったことは知っておいていいだろう。身勝手で、気まぐれで、「身持ち」が悪く、そのうえ嘘つきで秘密主義、語り手に嫉妬心をいだかせてやまず、片時も安心できない。とらえようとしても、いつも「逃げてゆく」、自分のものだという確信がもてたためしがない、「所有している」とけっして思えない、そんな存在である。ところが、ひとたび眠りに就くや、「意識を失う」や、それらの性格はすべて「脱ぎ捨て」られる。というより、彼女の身体のなかに「避難し、閉じこもる」。そして、この身体を眼下におく語り手は、「彼女のすべてを所有している」と感じる。

ここでは、眠る身体というものが「手に負えない」想念をその内部に封じ込めると信じられている（というのも、これはアルベルティーヌの自我や人格の問題であるというより、それについての語り手の想念、というか妄想の問題であるから）。それはひとえに、この身体が不活発な身体だからである。眠っていて、もはや「やんちゃ」ができない身体だからである。まさに死者と比べられる身体である。ここで「手に負えない」想念は、いわば距離化され、エピソードになり、ハームレスになる。恋人の寝顔が限りなくいとおしいのはこのためだ。寝顔は「憎めない」のである。

ここでも〈眠り〉を鏡として対面が再定義される。対面する者は、相手を「所有」することはできない。「所有」できるためには、相手が「死んで」いなければならないからである。繰り返そう。対面するとは、生を生としてとらえること、生の予見不能や制御不能をそのまま受け入れることである。

21　恋は盲目

「恋は盲目」とは、対面がもたらす事態をいったものである。「あばたも笑くぼ」とは、対面に由来する視覚の攪乱を突いたものにほかならない。逆に、（ブーバー的にいえば）相手を第三者（「彼」、「彼女」）として見る立場にとどまるかぎり、盲信は、つまり恋心は生まれない。

恋する人の顔はなぜ輝いているのか。それは彼がつねに、想像のなかで、愛する人と対面しているからだ。対面性の磁場は、たとえ想像域にあっても、人の顔を輝かせる。いや、これはむしろ対面の「余韻」というべきなのかもしれない。

人が「美しい」という場合も、その美しさは、客観的な容姿からというより、多分にその人がもたらす対面的磁場の迫力のようなものから来ている。その人からというより「あいだ」から来ているのである。「見目うるわし」とは、いわばその人が発する空気のうるわしさをいったものである。

22　ミッショナリー・ポジション

セックスもまた大きくいって対面性の領域である。対面状態でのセックスが「正常位」と呼ばれているところからもそれは分かる。しかし対面状態で、しかもしばしば目と目を見つめ合いながら性交するということは、おそらく動物学的には特異なことである。「正常位」は、動物のなかで人間だけがとる体位だといわれる（ただしこれが人間において支配的であるかどうかは別問題である）。類人猿でも後背位が一般的であるようだ。オランウータンやボノボは対面性交することがあるらしいが、それでも見つめ合いながらセックスするとは思えない。

「正常位」は英語で「ミッショナリー・ポジション missionary position（宣教師の体位）」と呼ばれることがある。植民地時代を強く匂わせる表現だ。その含意するところも容易に想像される。ところが、これはじつは意外と新しい表現で、キンゼイ報告で有名なアルフレッド・キンゼイらが『人間男性の性行動』（一九四八）で使ったのが最初であるらしい。しかも、このことを突き止めたロバート・J・プリースト[*1]によると、これは彼らがマリノウスキーの『北西メラネシアにおける未開人の性生活』（一九二九）を誤読した結果だという。つまり、キンゼイらは、マリノウスキーによればトロブリアンド島民は、自分らがふだん実践しないこの体位を揶揄して「宣教師の体位」と呼んでいると主張するのだが[*1]、マリノウスキーの著作にはこの表現は一度も出てこないのである（トロブリアンド島民は「ヨーロッパ人の体位」を実用向きでない体位として軽蔑していると述べている箇所はあるが[*2]、そこでもこの表現は出てこない）。『未開人の性生活』ではわずかに「宣教師スタイル missionary fashion」という表現が、原住民の一人が使った言葉の訳語として一度だけ出てくる。しかし、それは人前で平気で「いちゃいちゃ」する西洋人を真似る島民の男女を非難する言葉（性交とは無関係の）として引用されているにすぎない[*3]。

かくしてプリーストは「ミッショナリー・ポジション」を文献的根拠のない「神話」であると断じ、モダニスト、ポストモダニスト、キリスト教徒という三項関係のなかでそのシンボル的意味を問うのだが[*4]、それはともかく、注目すべきは、この表現が、その「無根拠性」にもかかわらず、対面・男性上位型性交（facetoface manontop sexual intercourse）を指すものとして、一九六〇年代末以降、またたく間に西洋世界全体に広まり、アメリカン・ヘリテージやランダムハウスといった有名英語辞典にまで収録されるようになったという事実である。

「ミッショナリー・ポジション」というのはたしかに想像力を掻きたてる表現である。なにより「宣教師」と「体位」という対照的な二語の組合せが面白い。「ミッショナリー・ポジション」は、通常、「未開人」の放縦な性風俗にショックを受けた宣教師が彼らに推奨した体位、宣教師が道徳上唯一許されると考えた体位と説明される（ただ、これを宣教師が実践した体位、というより宣教師にもかかろうじて許される体位ととる者も皆無ではなかろう）。植民地主義の先兵たる宣教師は〈文明〉の伝道師であり、彼らの「ミッション」のひとつがほかならぬ「正しい」性交のしかたを教えることだったというのはシナリオとして悪くない（むろんユーモアと皮肉に満ちたシナリオである）。ここで植民者＝文明人の体位たる「ミッショナリー・ポジション」は、いうまでもなく、原住民＝未開人の動物的な体位（とりわけ後背位）に対置される。

たとえばフランス語で書かれたある俗流の体位解説書には、「宣教師の体位（**le missionnaire** あるいは **la position du missionnaire**）」の説明として、「カトリック教会が唯一認める「神聖不可侵の体位」であり、宣教師たちはキリスト教とともに、世界にこの〈正しいやり方〉への改宗を推しすすめた」などと書かれている。この体位は「慎み深いわれらが母なる教会が目をつぶってくれる唯一の体位」であるとも。

〈宣教師〉の体位は、女性を引っくり返して肩甲骨を下に仰向けに寝かせることで、人類とサルとの訣別を正式に認めた。別の言い方をすれば、〈宣教師〉の体位によって向かい合わせにさせられ、尻を隠して顔をはっきり見せ合うことで、人類は動物界と決定的に断絶したのである。

中世以降、ヨーロッパで義務づけられてきた穏当な性行為のやり方を、白人の神父はブラックアフリカに対しても強制し、よき未開人に対して獣のような姦淫を禁じてからというもの、この「引っくり返し」は神さまのおかげで普遍的なものとなった。*1

ここには都合のいい安物のクリシェ以外何もないが、「宣教師の体位」というタームは、この種の妄想を勢いづかせる恰好の触媒だったのである。そもそも、宣教師が唯一認めた体位が「顔をはっきり見せ合う」体位だったとは思えない。慎みぶかく、恥じらいに満ちた性交は、目を閉じた状態での、あるいは暗闇での（理想的には両条件下での）セックスでなければならないはずだ。つまり、対面・男性上位型性交にも見つめ合うセックスとそうでないセックスの二種類があるのである。「ミッショナリー・ポジション」の名で呼ばれるべきは厳密には後者であると考えられる。そして前者こそは真に対面的であり、おそらく人間特有であり、慎みぶかいどころか、（先述した、対面性と物象化がないまぜになった体位と地つづきの）かなり「淫らな」体位なのである。

ちなみに後背位が動物的だというのは、単に人間がそう思いたいからである。そう思うことで、正常位の実践者は胸をなでおろし、後背位の実践者は、罪悪感に苛まれるどころか、おのれを昂ぶらせる（というより、バタイユを引くまでもなく、罪悪感と性的興奮は表裏一体である）。動物的な体位とは、動物がとる体位のことではなく、動物性の意識をもって（人間が）とる体位のことにほかならない。人間が「動物みたい」なセックスをするから興奮するので、動物が動物的なセックスをしたところでそこに「動物性」はない。

ただ後背位も、人間においては、（鏡を前に置いてパートナー同士が見つめ合わなくとも）すでにいくらか対面的である。

23　ロメオ

ロメオとは私が飼っているオス犬である。去勢していない、一三歳のフレンチブルドッグだ。全身が黒褐色（ブリンドル）で、人間に近い顔をしている。ときどき人間なのではないかと思ったりもする。しかし私はロメオが私の服に目を遣るところを見たことがない。飼主が毎日服を替えても、赤いシャツを着ても、黒いオーバーを羽織っても、それにはまったく反応しない。「それかっこいいね」などと言ってもくれない。視線が服には向かわないのである。飼主の服をまじまじと眺める犬の話などたしかに聞いたことはないが、考えたら不思議なことである。

ロメオは鏡に映った自分の姿にも反応しない。散歩をするために玄関を出てエレベーターの前に立つと、光沢のあるステンレスの扉に私とロメオが映るが、その像には見向きもしない。自分が映っているという認識はおろか、他人（いや他犬）がそこにいるという錯覚すらないようだ。思うに、それはロメオにとっては単なる「模様」――つまり純粋な視覚の対象――にすぎないのであって、そこに何らかの気配があるわけではないからである。気配も臭いもないからである。犬の写真や置物にも、テレビの映像にも反応しないのもそのためだと思われる。声もそうだ。ロメオは生《なま》の声以外――録音された、あるいはマイクを通した人間の話し声や犬の鳴き声――には反応しないように思われる。これもやはり気配をともなわないからだろう。録音した声やマイクを通した声は、どれだけ精巧な再現であろうと、もはや声ではなく音なのである。「魂を抜かれた声」、物質化された声だといってもいいかもしれない。[*1]

逆に気配や臭いがある場合は、たとえ壁で隔てられていようと、ロメオは反応する。散歩の途上で出会う犬の場合など、その犬が遠くに現れただけで身構える……と言いたいところだが、ロメオはそこまで敏感ではない。路上に残された他犬の「おしっこ」の臭いに夢中なあまり、すぐそばを通り過ぎる大型犬に気づかないというようなことすらある。以前飼っていた猫などは、ムカデが一匹部屋のどこかにいたりしても、いち早くそれを感知して戦闘態勢に入ったものだ（人間はそれを見てはじめてムカデの存在に気づくのだった）。まさに目に見えない、気配ないし臭いである。

あるとき私は、犬のこうした習性を対面性のタームで考えられないものかと思いはじめた。つまり、犬は生きものの純粋な視覚映像にほとんど反応しないということ、また犬の対象認識は嗅覚中心であるらしいということ、これらのことから、私は犬には他者認識の回路として対面性しかないのではないかと思いはじめたのである。ユクスキュル流にいえば、犬の「環世界」はもっぱら対面関係に支配されているのではないか、対面の「トーン」に満たされているのではないかと。これは私にとっては魅力的な仮説だった。一方、この仮説は対面性じたいについての考察を深めるきっかけともなった。

たとえば、犬には「当事者」しかなく、「第三者」がないように思われる。「私」と「おまえ」しかなく、そこにいない者、つまり「彼」がない（「彼」が近くにいる場合も、「おまえ」として認識されるか、いないも同然であるかのどちらかである）。というより、「私」という反省的概念があるはずもないので、結局「おまえ」しかない、あるいは「私－おまえ」的関係しかない。このことは、犬には「いま・ここ」しかないということと同じである。「かつて」も、「どこか」も、「いつか」もないのである。回顧も、予知も、犬にはおそらく縁遠い行動である。犬が生きているのが純粋な現在だけだとは思わないが（それは生物であるかぎり不可能だろう）、現在に不断に活かされる（「流し込まれる」）過去も、不断に先取られる未来も、スパンが短い。犬にとって現在という「時間の帯」は幅が狭いのである。犬の意見も聞かずに断言してはならないのだろうが、どうもそんなふうに見受けられる。

じつはハイデガーも似たようなことを言っている。以下に『現象学の根本諸問題』（一九二七）に依拠した木田元のこの上なく分かりやすい解説を引いておく。

たとえば人間以外の動物は、そこに多少の幅、多少の厚みはあるにしても、いわば〈現在〉だけを生きている。動物にとっては現在与えられている環境だけがすべてであり、それにだけ適応して生きているのである。それに対して人間は――むろん神経系の分化が進み、それがある閾を越えることによって可能になったにはちがいないが――その〈現在〉のうちにあるズレ、ある差異化を惹き起こして、通常〈未来〉とか〈過去〉とかと呼ばれている次元を開き、その〈現在〉〈未来〉〈過去〉のあいだに複雑なフィードバック・システムを設定し、そこにまたがって生きることができるようになった。つまりは、おのれを時間として展開して生きることができるようになったのである。[*1]

「おのれを時間として展開する」とは魅力的な言い方だ。これがハイデガーのいう「おのれを時間化する（sich zeitigen）」ということの意味である（彼のいう「本来的時間性」と「非本来的時間性」の違いについてはここではふれない）。[*2]「世界内存在」という人間特有のあり方もそこに根ざしている。

人間は、他の動物のようにそのつどの生物学的環境に埋没し縛りつけられることなく、そうした環境を少しだけ〈超越〉し、世界という高次の構造に開かれているのである。ハイデガーはこうした人間に特有な在り方、存在構造を〈世界内存在〉と呼んでいる。だが、これも、人間がおのれを時間化することによってはじめて可能になったのである。[*3]

これにたいして、犬の行動は、いわば「とっさの行動」の連続なのではないかと思われる（このことはもちろん、犬は学習しない――たとえば散歩道を覚えない――ということを意味するものではない）。犬が人間のようにみだりに恐怖を示したりしないのはおそらくそのためだ。恐怖（少なくとも人間によく見られるタイプの恐怖）とは、何よりも恐れるべき対象の予知から来るものだからである。注射が怖いのは、痛みを予感するからにほかならない。子供のとき、学校で、予防注射を受けるために保健室の前の廊下に列をつくって並ばされた。自分の前に並ぶ者の数は一人また一人と減ってゆき、自分の番はやがて、確実に、避けようもなく回ってくる。逃げられない。あのときの恐怖である。注射にいたるプロセスが恐怖の本質なのである（死の恐怖も結局はこれと変わらない。一人また一人と死んでゆき、そのうちかならず自分の番が回ってくる）[*1]。ロメオは、注射針が臀部に突き立てられた瞬間、「ギャ」と叫ぶだけだ。その前も、あとも、涼しい顔をしている。

24　動物だって痛がる

ベンサムは動物の権利を主張した最初の思想家の一人として知られている。彼は『道徳および立法の諸原理序説』（一七八九）で、動物たちに関して問うべきは「ものを考えるか（Can they reason?）」でも「ものを言うか（Can they talk?）」でもなく、「痛がるか（Can they suffer?）」だと書いた。含意されている答えはもちろんイエスである。理性をもつかどうか、言葉を使うかどうかを基準に人間と動物（他の動物）を分けるのではなく、苦痛を感じるという点で両者は同じだとして、その上で動物も倫理的・法的考慮の対象とされるべきだと説いたのである。「感じる存在（sensitive being）」としての人間（ひいては生きもの一般）を根本におき、快楽と苦痛をその支配的原理と考えたベンサムらしい議論である（ちなみに、のちにふれるデリダの著作にもこれについての言及がある）。

このくだりは、道徳と立法の原理を功利主義の立場から説いた『序説』の第一七章・第一節に付された脚注に見える。文脈はやや複雑なので省略するが、この脚注でベンサムは、人間が動物を虐待（torment）してよい理由は何もないという。

> われわれに彼ら〔動物〕を虐待することが許される理由が何かあるだろうか。私に分かるかぎり何もない。彼らを虐待することが許されない理由は何かあるだろうか。それはいくつかある。〔……〕これまで——残念ながらそれは多くの地域でいまだ続いていることであるが——人類の大部分は、法によって、奴隷という名のもとに、動物の劣等種がたとえばイギリスでいまでも受けているのとまったく同じ扱いを受けてきた。いつの日か、人間以外の動物が、暴君でなかったら誰でも彼らに与えずにいられなかったであろうあの諸権利を獲得するときが来るかもしれない。フランス人たちはすでに、皮膚の色が黒いということは、虐待者

のしたいようにされ、補償もされなくてよい理由にはならないということを発見した。脚の数も、皮膚が毛で覆われていることも、仙骨の末端の形状〔尻尾があること〕も、感覚をもつ存在を虐待する理由としてはいずれも不十分であると、いつか認められるようになるかもしれない。ほかの何が超えられない一線だというのだろうか。〔理性を使って〕思考する能力だろうか。それとも話す能力だろうか。しかし、十分に成長した馬や犬は、生後一日、一週間、いや一カ月の赤ん坊と比べてもはるかに理性的であり、話もよくする。それに、たとえそうでないにしても、それになんの意味があるというのだ。問題は、彼らがものを考えるかでも、ものを言うかでもなく、痛がるかなのである。[*1]

とはいえ苦痛は、多少とも長い時間にわたる予期をともなうかどうかで、度合いも質もまったく異なってくる。予期は不安をもたらし、それによって苦痛は倍加されるとともに、いわば精神化され、「人間的」になるのである。そういう意味で動物は人間ほどには苦しまないと私は思う（ただしこう言うのはあくまで私という人間だ）。同じことは快楽についても言える、はずである。「よこしまな」快楽は動物には無縁ではないだろうか。

　じつはベンサムもこれに似たことを言っている。彼は、動物をいたずらに苦しめることには反対しても、ふだん食用にしている動物を食べたり、人間に害を及ぼす動物を殺したりすることには肯定的だった。そのことは同じ脚注の、先の引用に先立つ部分で説明されているが、彼はそこで次のように述べているのである。「彼ら〔＝動物たち〕には、われわれのように未来の不幸を大幅に先取りするということ（long-protracted anticipation of future misery）がまったくない。彼らがわれわれからこうむる死は、通常、そしておそらくつねに、自然界で彼らを待ちうけている死よりスピーディーで、それゆえ痛みのより少ない死である。[*1]」

25　自分との対面

何度もいうように、対面しているときには対面相手を対象《オブジエ》として見ることはできない。じつは、私とは文脈はちがうが、このことを的確な言葉で表現した思想家がいる。『鏡のテオーリア』（一九七七）の多田智満子である。

見るためには対象と自分との間に距離をおかなければならない。これは明白な事実である。しかし、見るという行為が、対象との間の物理的距離を心理的にゼロにする場合がある。他者のまなざしが私に向けられ、そのまなざしを私がとらえたときがそれだ。

私が或る人の眼を美しいと思ったり、眼の表情に注意したりすることができるのは、その人が私にまなざしを向けているまさにそのときではない。私が彼にまなざしを向け、彼が私にまなざしを向けていないとき、私は距離をおいて彼の眼を知覚することができる。ところが彼が私にまなざしを向けた刹那に、彼のまなざしは彼の眼をおおいかくしてしまう。彼の眼と私の眼との間の距離が消え失せ、文字どおり二つの眼がかち合うのだ。その刹那には私は彼の眼を知覚することができない。ただまざまざとまなざしを意識するばかりである。この瞬間、他者は私にとって、ことばのラディカルな意味において、現前するのである[*1]〔……〕。

対象化と「現前」、知覚と知覚不能——見つめ合いを契機としたその「切り替え」が見事に表現されている。ただ、多田の注意はこのあと「見られている私」へと向けられる。見られている私のなかで、他者のまなざしはいわば内面化され、私が自分自身に向けるまなざしと重ねられるというのである。

〔……〕他者のまなざしは即座に私の内部に組み込まれ、私が私自身に向けるまなざしと同化するかあるいは少なくともそれと共存する。手っ取り早くいえば、見られていると意識すると同時に私は否応なしに自分を見てしまう。他者は私を映す鏡として現前するのである[*2]。

ここで問題にされているのは、まずは自己の対象化・客体化という現象である。多田自身が引いているメルロ゠ポンティ「幼児の対人関係」の言葉を借りていえば、「内受容的自我（le moi intéroceptif）から可視的自我（le moi visible）への移行、つまり内受容的自我からラカン氏のいわゆる「鏡のなかの私」への移行[*1]」という現象である。よく知られているように、幼児は、自己の鏡像と出会い、それを自分の姿と認めることによって、自己が「見られる」存在であることを知り、それを母親との主客未分離状態からの脱出の契機とする。他人による自己の視像（けっしてそのものとしては我がものにできない視像）をそういう回路で取りこむのだと言ってもいいだろう。これは自己の身体への漸次的な覚醒の契機でもあって、「断片化された身体（corps morcelé）」からひとつの全体としての身体への移行が取りざたされるのもそのためである。幼児は鏡像によってはじめて、自分にじかに見えるおのれの手足だけでなく、明確に輪郭づけられた自己の身体全体のイメージを得るのである。ちなみに多田は、こうした自己の対象化がもたらす一種の自己疎外——そこで見えてくる自分が、直接に感じていた自分とはちがうという思い——にも言及している（これもメルロ＝ポンティ／ラカンが説くところである）。

ただ多田は、この自己の対象化という問題に、それとはふつう関係づけられない（原則として異質な）、自己にとっての他者の「現前」の問題、つまりは対面の問題を（ひょっとしたら無自覚に）接続しているように私には思われる。一般に、前者の問題圏では、私を対象化する他者のまなざしも、それを取りこむ私の私自身にたいするまなざしも、対面状態のそれであるとは前提されていない。それはとくに私の目に向けられた、射返すまなざしである必要はないのである。

しかるに、多田のいう「現前する」他者のまなざしも、「私が私自身に向ける」まなざしも、私自身を対象化するまなざしではなく、見る者どうしの「心理的距離をゼロにする」まなざし、私自身と「見つめ合う」まなざしである。

ひょっとしたら多田は、期せずして、対面性の導入によって鏡像段階論そのものに新たな地平(多田自身によっても十分に踏査されることはなかった地平)を開いたのかもしれない。鏡を見る幼児は、自分の身体を目にしながら、自分の眼を見ずにいられるだろうか。鏡のなかの自分と見つめ合わずにいられるだろうか。私の「原像」(少なくともその一面)とは、むしろ鏡のなかで私と対面する私なのではないだろうか。

鏡とは不思議である。私は、鏡に映った自分の眼を、第三者の眼を見るようにして見ることはできない。どこかを眺めている自分の眼を見ることはできない(それは写真やヴィデオでしか見られない)。私が鏡の向こうの私の眼に目を向けるや、相手の私もかならず私の眼を見る。私と私自身は「見つめ合う」ことしかできないのである(ただし、そのとき私に見える私は、他人の目に映る私とは左右が逆である。私は、正面から見た「生身」の私の顔としては、左右が逆の顔しか知らない)。

見ることが文字どおり同時に見られることであるのは、対面においてでしかない。他者との対面におけるこの相互作用が、自己自身との対面におけるそれといわば「二重写し」になるというのは大いにありうることである。もちろん、他者との対面と自己自身との対面は、たとえどちらにも「対面」というタームの使用が許されるとしても、いくつかの点で根本的に性質を異にする。

自己自身との対面には、それが鏡に映る私との対面であれ、「内面の私」との向かい合いであれ、他者との対面がもつ事件性（偶発性）も暴力性も当然ながらない。とはいえ、自己との対面は、対自存在としての人間――多田好みの言葉でいえば「鏡の呪い」に敏感な人間――におそらく特有の現象だろうとも思われる。

26　鏡像の深み

犬にとって（少なくとも私の飼犬にとって）鏡に映った自分は気配を欠く単なる「模様」だと先に述べたが、多田智満子によれば、人間の幼児にとって自分の鏡像は「自分の分身としての準実在性[*1]」をもつらしい。「未開人」の場合もそうだと、民族学者の調査例や日本の昔話を引きながら多田は説いている。ことは鏡像だけの問題ではなく、また自分自身の映像だけの問題でもないらしい。

われわれは鏡像がただの見かけだけのものであることを知っている。同様に、肖像画や人物写真がただの写しであることも知っている。にもかかわらず、愛する人の写真に口づけしたり、知人の写真を破りすてるのをためらったりするのを、ごく当りまえな感情として肯定している。キリシタンが踏み絵によって試されたのも、キリストの絵がキリストの聖性のなにがしかをわかちもっていると信じられたからに他ならない。さもなければ、キリストを崇めることと、キリストの単なる写し絵を踏むこととはまるで別なことだと割りきって、信者たちは平気でそれを踏みつけることができたろう[*1]。

似姿の同定（だれの映像であるかが分かるということ）は、それじたいどこかで「準実在性」の付与をともなうのだろうか。いたって日常的で散文的な（ただ場合によっては高度でもありうる）この人間のリテラシーが「写されている人物がその像に現前する」（たとえそれが「準現前[*2]（quasi-présence）」であれ）というような事態を引き起こしうるのだろうか。鏡を見つめる幼児に話を戻しながら、これは単なる知的操作ではないと多田はいう。

鏡像の把握が認識の次元のことがらにすぎないのであれば、反射あるいは映像という現象の純粋に物理的な性格が一度わかってしまえば、写されている人物がその像に現前するというようなことは全くなくなるはずだ、とメルロ＝ポンティは語っている。「ところが実際はそうではないし、また像―反射の関係が不安定でもあるというのは、それを構成している操作が本来の意味での知性だけではなく、その個人の対人関係全体にもかかわる操作だからです[*3]」。

知性だけではなく、その個人の対人関係全体にもかかわる操作――ここに、文明人の成人でさえ、なおかつ鏡像＝映像の魔術に悩まされる理由を見出すことができる。[*1]

「像」というものは、かならず何らかの現前――つまりは対面性の出現――をともなうのかもしれない。とりわけそれが反射（鏡像）関係を内包するとき、ことは単に知性の問題にとどまらず、「個人の対人関係全体（toutes les relations de l'individu avec autrui）」にかかわる問題になるという（多田が提起する根本的な問いは、そもそも反射（鏡像）関係を内包しない「像」があるだろうかという問いなのかもしれない）。ここでは、一個の主体が「内省」するだけでなく、複数の個人が交わり、響き合い、相互に浸透し、互いのうちに折れ込む、そのような関係が想起される。多田の思考は、ひたすら鏡像の奥ふかさ、「鏡像＝映像の魔術」、「鏡の呪い」へと向かう。[*2]

27　これが私だ

鏡像を介した自己自身との擬似的対面は、なによりも、他人の目に見える自己、「スペクタクル」としての自己との出会いの経験だろうと思われる。その意味では、写真やヴィデオのなかの自己像との出会いに似ている。ただ、写真やヴィデオで見る自分は、左右が逆になっていない分、また「こちら」（カメラ目線）ではなく「どこか」を見ている自分が写されている場合はとくに、他人の目に映る自分により近いといえるだろう。写真やヴィデオで自分を見たときの違和感は、おもに鏡のなかの自分との違いから来ると考えられる。この違いは、もちろん、左右が逆であるかどうか、「こちら」を見ているかどうかだけによるものではない。鏡のなかの私は、現在の、〈いま・ここ〉の私であり、手を挙げれば鏡の向こうの自分も手を挙げ、顰め面をすれば同様に顰め面をするといった具合に、生きて動く私と不可分の、影のような存在である（反映とはそういうことだ）。これにたいして、写真やヴィデオのなかの私は、いわば固定化された、過去の、「歴史化」された私である。「これが私だ」と、ことさらに、いくらか意外感をもって思うことがあるのは、こちらの方の私を目にしたときである。

写真やヴィデオに写った自分にたいする違和感には、ある種の忌避の感情が含まれている。それは自分が客体化されてあることへの忌避感、多田のいう自己疎外の感情であるにちがいない（これは録音された自分の声を聞いたときの感情に似ている）。一方、鏡をとおした自己の客体化は明らかに不十分かつ不安定である。鏡のなかの自分は客体になりきれない自分なのである。ある意味で自分の思いどおりになる自分、さまざまな想念を受け入れ、「伸び縮み」してくれる自分なのだ。不安定とはいえ、慣れも手伝って、私はそこにいわば安住の場を見出す。

鏡に映った私を客体視するには何か決定的なものが欠けている。幸いにも（?）、鏡をとおしても私には私が見えないのである。この事情は、私がここで何度も述べている、他人との見つめ合いにおける視覚の機能不全と通底しているように思われる。

28　鏡の前の動物たち

多田も言及しているところだが、メルロ＝ポンティの「幼児の対人関係」には、鏡に映った自己の像にたいする動物の反応にふれ、それを人間の幼児の場合と比較している箇所がある。彼が動物の例として紹介するのは、ウィリアム・ティエリー・プレイヤー、アンリ・ワロン、ヴォルフガング・ケーラーといった心理学者たちの報告例である。自分の鏡像を死んだメスの代替者ととるオスのアヒルや、鏡を恐れたり、鏡から顔を背けようとする犬の例だ。彼らによれば、これらの動物は自己の鏡像に無反応なわけではないが（その意味ではロメオより「高等」である）、それが自分を映しているとは思わない。メルロ＝ポンティは、動物はそれを「シンボル」として、「外的映像《イメージ》それじたい」として受け取ることができないのだと補足している。「鏡があると、動物はどうしていいか分からず、混乱して、動物にとって根本的な与件である内受容的経験の方へ戻ろうと急いで鏡に背を向ける」[*1]とも。こうした点で動物は人間の子供とは違うのだと。

ケーラーが『類人猿の知恵試験』（一九一七）で報告したチンパンジーの例も紹介されている。チンパンジーは、鏡の後ろに手を回して、そこに何もないことが分かると、不満を露わにしてそれ以上鏡に関心を示そうとはしないのだという。この類人猿は「映像《イメージ》を映像《イメージ》として」意識する一歩手前のところで鏡から遠ざかるということで、いわば動物と人間の中間に位置づけられている。

近年の研究では、少なくともチンパンジーは鏡による自己認知（mirror self-recognition）――いわゆる「鏡像認知」――ができると考えられているようである。[*1] 最近では、犬、猫、鳥類、トラ、ライオン、ゴリラなどの目の前に鏡を置いてその反応を見るという、ときに遊び半分の実験が、インターネットに動画としていくつも上げられていて、われわれ自身それを観察することができる。そこで見る動物たちは、とくにはじめて鏡像に接する場合、しばしば驚きや脅えの感情を示し、鏡像に向かって威嚇したり、攻撃をしかけたりする。ゴリラのように全力で体当たりする動物もある。たしかにそこに敵対者（あるいは不審者）と思しい同種の他者を見ているようではある。もちろん、伸ばした手も、突進した身体も、硬い鏡面にぶつかるだけだ。いわば「肩すかし」を食らうのである。

私には、同種の他者を見ているということの推定すら場合によっては怪しいように思われる。鏡の向こうに先述した生きものの臭いや気配があるわけではないのだから、そこに同種の他者を見るには、単なる映像から気配をいわば類推するほかないはずである。それが霊長類以外にできるとはあまり思われない。犬が鏡に向かって吠えたり、猫が鏡面を手で叩いたりするのは、むしろ動いているものにたいする自然な反応ではないだろうか。ただ難儀なことに鏡像は自分とともに動くのである。まったく同時的に、しかも完璧なシメトリーをもって動くのだ。鏡像の不気味さはそこにある。動物の混乱もおそらくそこから来る。私は飼い犬にわざと鏡を向けようとは思わない。なぜかそれがためらわれる。杞憂かもしれないが、「混乱させたくない」という気持がそれをさせないのだと私は思っている。

いずれにしても、対面の問題に戻ると、動物にとっての対面は、人間の場合以上に、生身の他者を相手にしなければ成り立たないようである。鏡を前にした自己自身との擬似的対面は、ほとんどの動物にとっては難しそうだ。自己の鏡像にたいするあの「自分であるが（本物の）自分ではない」という認識は、相当に高度の「リテラシー」を必要とするのかもしれない。

29 我と汝

対面とは、二個の主体が互いに面と向かうこと（英 face to face、仏 face à face）である。そのうちの一方の観点からすれば「わたし」と「あなた」の向かい合いだといえる。マルティン・ブーバーが『我と汝』（一九二三）でいう我－汝（Ich-Du）の関係もこれにほかならない。我と汝は直接的に「向かい合う存在（Gegenüber）」として考えられている。ブーバーのいう対面には厳密な意味での〈見つめ合い〉の力学が関与するわけではないが、それでも彼の対話論哲学はわれわれに多くを教えてくれる。

ブーバーにとって「向かい合う存在を観る」とは、「専一的に現前するもの」として観るということである。彼によれば「向かい合う存在を観るとき、認識者にはその存在の本質が明かされる。」[*1] これにたいして、同じくブーバーのいう我‐それの関係は、いわゆる主客の関係であり、諸々のそれは我の対象として互いに隣接するもの、境を接するものとしてイメージされている。これは、私がここでいう、視覚がふつうに働く領域、視覚対象の確たる措定をともなう領域である（先の「専一性（Ausschließlichkeit）」は排他性というより、この隣接性の否定として解される。「かけがえのなさ」といってもいいかもしれない）。

人間存在の生は他動詞の領域においてのみ成り立っているのではない。それは何か（Etwas）を対象物（Gegenstand）として有する活動によってのみ成り立っているのではない。〔知覚、想像、欲求、感情、思考といった活動は〕すべてそれの世界の基盤を築いている。だが、汝の国は、それとは異なる基盤に立っているのである。

汝を語るとき人間は、何かを対象物として有したりはしていない。なぜなら、何かが客体的に存在しているところには、別の何かがそのとなりに存在しているからである。あらゆるそれは他のさまざまなそれと隣接し、それは他のそれに隣接することによってのみ存在しているのである。しかし、汝が語られるところには、客体的に存在しているものはない。汝は何ものにも隣接していない。
汝を語るとき人間は、ものを所有したりしてはいない。およそ何ものをも所有してはいない。だが、彼は関係（Beziehung）のなかに立っている。[*1]

ブーバーが強調する第一の点は、対面的な我‐汝の関係の根本的性格である。我‐汝と我‐それはいずれも「根元語」でありながら、我‐汝は我‐それよりさらに根元的である。これが真の意味での「関係」であるとされる。我‐それは、他動詞によって示される、目的語をともなう活動（視覚はもちろん、知覚全般がそこに含まれる）、すなわちブーバーのいう「経験」の領域だが、我‐汝の関係はそれに先立つのである。幼児からの発達段階にふれながら「はじめに関係がある」[*2]とブーバーは言う。

我と汝は、我‐汝というセットとしてしか意味をもたないという点も重要である。「我それじたいというものは存在しない。[*3]」あるのは我‐汝の我と、我‐それの我だけであり、しかもこの二つの我は異なる。前者が「関係」をいとなむ「人格（Person）」であるのにたいして、後者は「経験」と「利用」の主体であるにすぎない。[*4] ちなみにブーバーは、「動物は人間のように二重的ではない。我‐汝、我‐それという根元語の二重性は、たとえ動物も何かほかの存在と対し合ったり、さまざまな対象を見つめたりすることはあっても、動物には無縁なのだ[*5]」とも述べている。

我にとって人間も自然界の動植物も汝となりうるが、それらはつねに汝であるとはかぎらない。

それどころか、むしろ彼、彼女、あるいはそれであることの方が多い。

私はその人間のうちから、その髪の色を、あるいはその話し方やその人柄を引きだすことができる。私は繰りかえしそうせざるを得ない。だが、そうするとき、その人間はもはや汝ではない。

〔……〕私が汝と呼びかける人間に、私はいつかある時、どこかある場所において対面するのではない。私はその人間をある時やある場所のなかへ嵌めこんでしまうことはできる、私はくり返しそうせざるを得ない。だが、そうするときその人間は、ひとつの彼あるいは彼女、ひとつのそれであるにすぎず、もはや私の汝ではない。[*1]

相手の「髪の色」が見えている状態では、私はその人間と真に向き合ってはいない。その人間は汝ではないのである。相手が汝となるのは、その人間を分析的にではなく「ひとつの全体として」見るときである。また、空間的・時間的限定をともなう関係は我－汝の関係ではなく、我－それの関係である。我－汝の関係は直接的・無媒介的でなければならない。汝が「現前」するとは畢竟そういうことである。ブーバーはこれを「出会い」とも呼んでいる。

汝との関係は直接的である。我と汝とのあいだには、概念的理解も、予知も、夢想も介在しない。〔……〕我と汝とのあいだには、目的も、欲念も、先取も介在しない。〔……〕あらゆる仲介物は障碍なのだ。あらゆる仲介物がくずれ落ちてしまったところにのみ、出会いは生ずるのである。[*1]

ブーバーに我－汝の理想化が見られることは否めない。汝の究極の姿は「永遠の汝」、すなわち神である。これはユダヤ教のハシディズムでいわれる「遍在する神」であると思われるが、「永遠の汝」はあらゆる汝から遠望される存在とされている。この神との交わりを可能にする特権的な行為が「祈り」にほかならない。

とはいえ、汝の世界は不安定で危険に満ちた〈現在〉の世界であり、それの世界は堅実で安定した〈過去〉の世界である。ブーバーは、前者を理想化しつつも、両者ともに不可欠であること、またそれらのあいだの往還が人間の宿命であることを繰りかえし説いている。

純然たる現在のうちにのみ生きることはできない。もしも、あらわな現在というものにすばやく、しかも徹底的に打ち克てるように前もって準備がなされていないなら、それによってひとは焼きつくされてしまうだろう。だが純然たる過去のうちになら生きることができる。そうだ、過去のうちでのみ人生というものは整理され得るのである。しかし、あらゆる瞬間を経験と利用とでもって満たしさえすれば、そうすればもはやいかなる瞬間も燃えあがることはない。

〔……〕それなくしては人間は生きることができない。だが、それとともにのみ生きる者は、人間ではない。[*1]

ブーバーの議論は、一方において、個人史と人類史における「それの世界の漸進的増大[*2]」、「ますますはびこるそれの専制[*3]」の確認へと向かう。この現象は、ブーバーにとって、我‐汝の関係に入る能力の低下を意味するものである。「経験し利用する能力の向上はたいていの場合、人間の関係能力(Beziehungskraft)の低下と引きかえに起る。[*4]」ありていにいえば、文明の進化、科学の発達は、対面的関係の減退とパラレルだということだ。近代的人間は「それ化された人間[*5](Es-Menschheit)」であり、そこに近代人の疎外の源がある、とも言えるだろう。これが、初の近代戦であり、膨大な死傷者を出してヨーロッパを完全に疲弊させた第一次世界大戦の直後になされた議論であることはもちろん偶然ではない。ブーバー自身、さまざまなところで、第一次大戦がヨーロッパの精神史にもたらした壊滅的な打撃について語っている。

議論が行き着くもうひとつの先は、いうまでもなく近代における我‐汝関係の復権の提唱であり、「永遠の汝」の称揚である。対面的〈愛〉の提唱と言ってもいいだろう。「永遠の汝」は定義上「それになり得ない[*6]」ものとしてある。もともとブーバーの「もっとも根本的な関心事」は、「神と人間の関係」と「人間と人間の関係」との密接な結びつき[*7]」であった。おそらく前者の観点から後者をいかに説明するかだったのである。

30　あいだの国

ブーバーの対話主義は、大戦の経験を契機とする、それまでのモノローグ的な神秘主義的宗教観からの脱却の産物としてあった。これによって彼は「独白的生つまり神秘主義的観念的生から対話的生への一八〇度の転換」[*1]を成し遂げたのである。それは、みずからの思想をカント以来の人間学の系譜のなかに位置づけようとする『人間の問題』（一九四八、邦題『人間とは何か』）に則していえば、個人主義でも集団主義でもない第三の立場、人と人とのあるべき共生の道の探究を意味していたといえる。「人間に関する科学の中心的対象は、個人でも、集団でもなく、人間と共存しつつある人間である」[*2]と。

大きくいって、対面関係は距離化・客体化（distanciation, objectification）に対置される没入（immersion）の関係だといえるだろうが、これを単に主観的なものだと考えるのは正しくない。ブーバーのいう我－汝の関係は、主客未分離の世界、いわば主観性以上・客観性未満の世界の現実として考えられていた。『人間の問題』で、彼はこの世界を「あいだ（Zwischen）の領域」と呼んでいる。[*3]そしてこれは「人間的現実の原－範疇（Ur-kategorie）」であるとして、先の第三の立場を探るにはこの領域から出発しなければならないと言う。
ブーバーが「あいだ」の説明のために挙げている具体例が面白い。

> 真の会話（つまり、あらかじめ個々のせりふについて打合わせられたものではなく、話し手が直接相手に語りかけ、その予測しえぬ応答を引き出すようなまったく自発的な会話）や、真の授業（つまり、職業的に繰りかえされるものでも、その結果を教師があらかじめ知っているものでもなく、相互の奇襲のなかに展開されるもの）や、習慣的ではない真の抱擁や、戯れではない真の決闘――これらの事象を構成している本質的要素は、相対する当事者たちのなかでも、また、両者と他の一切とを包んでいる中立的世界のなかでもなく、むしろ、もっとも厳密な意味において相対する二人のあいだに、いわば彼ら二人のみが入りうる次元のなかに生ずるのである。

ここで言及されている現象は、いずれも、二人の人間のあいだ（授業の場合はふつう一対多）で執り行われる、あたうかぎり自然発生的で予測不能な、コントロールできない、「待ったなし」の、アドリブ的な言葉やふるまいの交換である。ここには、言葉による「相互の奇襲」を受け入れ、「習慣」と堕した愛の行為をきらう、精神のある傾きが垣間見られる。ブーバーの「対話」をめぐる、ややもすると観念的でパセティックな議論の背後に、このような具体的で活き活きとした想像力が働いていることは知っておいていい。彼はこれらの現象の本質部分は二人の「あいだ」に生ずるのだと言う。そしてブーバーは続ける。

もし、何事かが私に対して生ずるならば、それは、正確に世界と魂とに、「外的」現象と「内的」印象とに分割されうる事象である。しかしながら、私とある他人とが（強引ではあるが、ほとんど言い換えのきかない表現を使えば）相互に生じあうとき、この計算は二では割りきれない。魂がすでに終わり、世界がなお始まらぬどころかある地点に剰余が残る。そしてこの剰余こそが本質的要素なのである。

この「剰余」の意識、この「割りきれなさ」は、われわれがふつう「人間関係」と呼ぶものにつねにつきまとうものではないだろうか。人と会い、白熱した議論を交わしたあと、独りになったときに引きずる何か釈然としない思い、時間の経過による忘却だけが救いであるような「やりきれなさ」を私などは想像してしまうが、ブーバーの念頭にあるイメージはそれとはまるで違うようだ。ブーバーはさらに続ける。

われわれは、この事実を、はなはだ些細な、瞬間的な、ほとんど意識にのぼらぬような現象のなかにすら発見することができる。防空濠の殺人的雑踏のなかで、突然、二人の未知な人間のまなざしが、一瞬のあいだ、おどろくべき、無制限な思いやりのなかで、ぶつかりあう。空襲解除のサイレンが鳴るとき、この出来事はすでに忘れ去られている。しかし、それは起こったのである。〔……〕暗いオペラハウスのなかで、同じような純粋さと同じような熱烈さでモーツァルトのある調べに耳を傾けている二人の未知の聴衆のあいだには、ほとんど感受しえぬほどの、しかも基本的な対話的関係が成立することがある。だが、電灯がともると、この関係はすでに消失している。〔……〕ここで生じている事実には、心理学的概念は手がとどかない。それはある存在的事実である。〔……〕対話的状況はただ存在論的にのみ十分把握することができる。しかも個人的実存の存在性からではなく、また二個の個人的実存からでもなく、この両者を超越しつつ、両者のあいだに実在するものからこそ把握することができる。〔……〕主観性の彼方、客観性の此方、我と汝が出会う狭い尾根の上に、あいだの国（das Reich des Zwischen）は存在するのである。[*1]

「防空壕の殺人的雑踏」とはどのようなものなのか、われわれはただ遥かな時空を超えて想いを馳せるほかないが、ブーバーが考える対話的状況には、このようにごく瞬間的な、しかしある種の劇的瞬間を思わせるような出会いまで含まれるということが分かる。これがただ存在論的にのみ十分な把握が可能だという意味は、出会う二人の人間がそれぞれどのような性格で、どのような心理状態にあるかなどと問う前に、出会いは「あいだ」の出来事として、いわば構造的にすでに決定されてあるということだろう。そこに注目することがいかに難しく、また細心の注意を要することであるかは、「狭い尾根」という表現が示唆しているとおりである。

31　生命とのつながり

木村敏は、まさに『あいだ』と題された著作（一九八八）において、『人間の問題』のこの一節をコメントしつつ、彼自身の「あいだ」の概念との接続を試みている。それは、まずはヴィクトール・フォン・ヴァイツゼッカーのいう「主体」ないし「主体性」の概念との接続を意味する。「ブーバーが他者との、汝との関係として書いた「あいだ」は、実は自己と世界との「あいだ」、自己とその存在の根源との「あいだ」として、ヴァイツゼッカーのいう「主体」のことではないのか。[*1]」

ここで参照されているのは『ゲシュタルトクライス』（一九四〇）であるが、ヴァイツゼッカーがそこでおもに問題にしたのは、木村のいう「自己と世界」の関係、すなわち（生物学的観点から見た）有機体とそれを取り巻く環境との絶えざる相互関係である。彼は「有機体と環世界との出会い[*2]」の問題として知覚と運動の「からみ合い」（ひいては両者の「一元性」）を論じ、そこに「主体《ズブイエクト》」の概念を導入したのだった。このことの認識論的意義は小さくない。ヴァイツゼッカーは、自己運動する（「これは「動物」の定義そのものである）が、必ずしもいわゆる「自我」や「心理」を前提できない有機体一般に関して、「いかなる有機体もそれぞれ固有の主体を有する」[*1]と主張したのである。これは、まさに彼の問題にする知覚や運動がそうであるような、解剖学的知見や物理学的因果律では説明し尽くせない「生物学的行為」を説明するための方便であったと同時に、主体概念そのものに新たなディメンションを導入する試みでもあったと考えられる。

彼のいう「主体」とは、客体に対置されるような、主客の区別を前提とするような概念ではない。ヴァイツゼッカーは、「生きものと環世界との分離は空間的な意味でも時間的な意味でも不可能である」とも、「有機体の行為を記述することは有機体と環世界のあいだに境界を設けるという前提のもとでは不可能である」[*2]とも述べている。まず主体があって、それとは別に、その周りに環境があるというのではない。木村が解説するように、「主体としての有機体が客体としての環境と出会うのではない。有機体が環境と出会っているかぎり、その出会いの中で主体が成立しているということなのだ」[*3]（ここはたしかに「まず関係がある」というブーバーのテーゼを想起させる）。同じく、客体じたいも、知覚や運動が現出させるのである[*4]。重要なのは、有機体と環世界のあいだに生じる秩序――障碍や「転機（Krise）」に満ちた状況に応じて崩れては成り、成っては崩れる秩序――である。ヴァイツゼッカーのいう、知覚と運動における両者（主体と客体）の「相即[*5]（Kohärenz）」とはこのことにほかならない。乱暴に要約するなら、この秩序形成はじつはゲシュタルト形成であって、それは相互作用的な循環を孕んだ円環《クライス》構造をとるというのがゲシュタルトクライス論の骨子であった。

木村敏はヴァイツゼッカーのこの「主体」を「あいだ」と言い換えるわけだが、彼が先の引用でいう二つ目の「あいだ」、すなわち「自己とその存在の根源との「あいだ」」は、彼が自著『あいだ』の冒頭で「ひとつの仮説」として、この本の理解に「絶対に不可欠な前提」として挙げている「生命一般の根拠」とのつながりを指している。木村がより根本的と見ているのはじつはこちらの方である。「生命一般の根拠」とは、動植物を含めた生きもの一般にとっての、いわば生きていることそれじたいの証である。木村によれば、われわれは生きているかぎり、この「生命一般の根拠」とのつながりを維持している。このつながりは、そのものとして客観的に認識されることはないが、その存在を仮定しなければさまざまな生命現象は説明できない。[*1] 生命の「見えない足もと」といってもいいかもしれない。生命主体自身からは見えないが、それを仮定しなければ「見える」部分の説明がつかないような何ものかである。

木村は、ヴァイツゼッカーの「根拠関係」（後述）に関する一節を引きながら、ヴァイツゼッカーはこの「生命一般の根拠」へのかかわりを（も）「主体性」と捉えていると言う。[*2] つまり、木村にとって「あいだ＝主体」は二重である。それは自己と生命の根拠とのいわば内的な「あいだ」であると同時に、自己とそれを取り巻く世界とのいわば外的な「あいだ」でもある。そして木村は、この両者をブーバーの「あいだ」と同一視しているのである。彼は、音楽の演奏の例を挙げながら、「ヴァイツゼッカーが述べている「主体」の二つの概念〔は〕、実は同じ一つの主体に関するものであった」とも言っている。[*1]

議論がいささか煩瑣になるが、ヴァイツゼッカーが『ゲシュタルトクライス』の最終章で「生物学の根拠関係」と呼んでいるものは、あくまで学問的認識主体の問題である。彼はそこで何度も物理学と生物学の違いを強調している。「物理学は、その研究において認識自我がそれからは独立した対象としての世界に対置されているものと前提している。生物学の経験するのは、生きものがその中に身を置いている規定の根拠それ自体は対象となりえないということである。このことを生物学における「根拠関係」と呼ぼうと思う。生物学を支配している根拠関係とは実は客観化不可能な根拠への関わり合いであって、因果論にみられるような原因と結果のごとき認識可能な事物の間の関係ではない。つまり根拠関係とは実は主体性のことであって[*2]」云々。

ここでいう生物学者とその研究対象との関係が、先の有機体と環世界との関係と本質的には変わらないとしたら、ヴァイツゼッカーは一貫して同じ「主体」――木村のいう一つ目の「主体」――について語っていることになる。木村はなぜ、ヴァイツゼッカーのもう一つの主体概念として（たとえ両者が結局は同じものだと言うためであれ）、「生命一般の根拠」とのかかわりを持ち出したのか。ヴァイツゼッカーにそれについての言及がないというのではない。同じタームこそ用いられていないものの、「生命一般の根拠」とのつながりは、彼の主体概念の当然の前提だとすらいえるだろう。木村の視野には、「生命一般の根拠」について語るときですら、有機体一般というよりむしろ人間があったのではないかと思われる。研究者主体とはいわないまでも、自己の「内部」に目を向け、自己を観察し、認識しようとする（そしてその困難さに思いいたる）人間があったのではないか。そう考えなければ、ヴァイツゼッカーの「根拠関係」への依拠も、『あいだ』の主テーマである人と人との「間主観的」関係との接続も、にわかには了解しがたい。勝手な推測ではあるが、この「人間」はおそらく病的主体、「病める人間」でもあっただろう。

　ブーバーとの接点についていえば、われわれはむしろ、ヴァイツゼッカーのいう物理学的アプローチと生物学的アプローチの対立に、我‐それ関係を求める態度と我‐汝関係（「あいだ」）を求める態度の対立を重ねてみることができるのではないかと思われる。これはもちろん木村の見解と矛盾はしない。しかし木村によれば、彼の考える「あいだ」は、その最深部において、ブーバーのそれより「根元」的であることが見込まれていた。彼は、我‐汝関係と我‐それ関係はブーバーのいうほど截然とは区別できない、それは意識レベルで顕現する相対的な区別であって、「（我‐汝と我‐それという）「根元語」がそこから派生してくる「根元」の、さらにその「根元」にこそ、われわれは言語以前、意識以前の「あいだ」の構造を見て取らなくてはならない」と述べている[*1]。当然というべきか、木村がここでいう「あいだ」は、対面の、「向かい合い」のタームではまったく考えられていない。

32　対面問題の二領域

ブーバーとの比較はともかく、木村敏は、人間にとっての「あいだ」の問題を、あらゆる有機体が共有する「生命一般の根拠とのつながり」にまで降りていって、そこに基礎づけることが必要だと考えたのだった。それは木村にとって（じつはヴァイツゼッカーにとっても）フロイトのいう「無意識」にたいする別のアプローチだったといえる。じっさい木村は、精神科の臨床医として、たとえば「癲癇の発作などによって意識を喪失している状態」[*1]などを念頭においていた（その背後には、彼が『直接性の病理』（一九八六）で扱ったような諸々の症例があったかもしれない）。いずれにしても、こと人間に関するかぎり、「あいだ」は複合的である。人間特有とされる自己意識や入り組んだ対他関係をも考慮に入れなければならないからだ。

ヴァイツゼッカーは、自己についての対自的意識以前の人間について、客観的認識の不可能な生命の根拠との関わりと、生存のために必要なそのつどの環境との関わりとの両面から、個体の主体性というものを考えた。これに人間固有の自己意識と、他者との社会的関係を重ねあわせてやると、生命の直接性との接点であると同時に他者との間主体的な関係の原理でもあるような主体的自己のイメージが浮かんでくる。[*1]

このように、木村の考える人間の「(主体的)自己」とは、一方で「生命一般の根拠」とのかかわりに立脚しつつ、もう一方で自己意識をかかえ、対人関係という特殊な「環境」と交わる自己である。彼のいう「あいだ」が、自己と自己との「あいだ」であると同時に、自己と他者(ないし人と人)との間主観的な「あいだ」でもあるゆえんである。木村は、『関係としての自己』(二〇〇五)の序論では、フロイトの『自我とエス』を参照しつつ、フロイトの「エス」――非自我でありながら、部分的に自我でもあるという、両義的な「エス」――とは自分のいう「自己」のことだと明言している。「自己はこうして頭を意識の表面に出し、「自我」として世界と立ち向かいながら、両脚を深々と非人称の「無意識」にひたしている」[*2]と。「非人称の「無意識」」とは、いうまでもなく「生命一般の根拠」のことである。ここでは「生それ自身」[*3]とも言い換えられている。

人間とそれ以外の生物との違いにも触れられている。そこで援用されるのは、「個体」と「種」、「ビオス」(死すべき存在としての個別的生)と「ゾーエー」(死を知らない生物的生)という対概念[*4]である。「人間以外の生きものは、動物も植物も単細胞の生物も含めて、ゾーエー的な集合的・集団的生命の圧倒的な優位のもとに生きている〔……〕」。そこではアポロン的ビオスの個別化を云々する余地はない。各個体の一見自由意志によって動いているかに見える行動も、人間の自由意志とは違って、集団全体の、種に固有の目的追求的な行動が、各個体に配分されて実現しているものにすぎない。[*1]」これにたいして、人間にとっては「ビオス」と「ゾーエー」の両者がともに重要だというわけだ。人間には「社会的人間」と「生物的人間」の両者が棲んでいるともいえる。

以上に見てきたような木村の考えは、われわれがここで論じている対面の問題に直接かかわるものではない。われわれはむしろ、そこから、対面問題のいわば領域設定に関する手がかりを得ることができるのではないかと思われる。対面問題の主領域は、おそらく個別的な「自我」の成立をまってはじめて出会われるような諸現象である。冒頭でふれた「メンツ（面子）」の問題や、のちに詳しく見る「顔」や「体面」の問題系はまさしくそこに位置づけられる。倫理が取り沙汰されるのもそこにおいてだ。それはすぐれて人間的な、人間臭い問題の領域である。これを「社会的人間」の領域と呼んでもいいかもしれない。

しかし、その一方で、対面問題は明らかにそこに還元されえない「根っこ」をもっている。〈見つめ合い〉は人と人とのあいだに起こる現象である。そのうちの一方の観点からいえば、「私」と「あなた」のあいだの出来事である。しかも、ここで何度も言及してきた「視覚の攪乱」（対面のもたらす「盲目性」）が示唆するように、「私」という主体が「あなた」という対象に出会うというより、「私」と「あなた」がある種の一体性（symbiosis）のなかで同時に立ち現われるような現象である。いや、対面的磁場の成立が各々の「自我」の出現に先立つ（あるいはそれを遅らせる、あるいは妨げる）ような現象である。先に繰りかえし強調したように、対面すると は、生をまさに生としてとらえること、生の予見不能や制御不能をそのまま受け入れること、〈現在〉しかない世界（木村のいう「アクチュアリティ」[*1]）を生きることである。われわれは、おそらく、このような対面関係を他の動物たちと共有している。これが木村のいう「生それ自身」とつながっているかどうかは別として（正直なところ、それは私にはよく分からない）、われわれはここに対面問題のもうひとつの領域を見て、これを「動物的人間」の領域（あるいは単に「動物論的」領域）と呼ぶことができるかもしれない。

これら対面問題の二大領域の措定はあくまで便宜的なものだ。「領域」はむしろ「ディメンション」というべきかもしれない。すべての対面現象は原則として両領域にまたがるものだからである（いうまでもなく「社会的人間」は「動物的人間」を前提としている）。後述するように、対面する二個の主体は、いわゆる「人格（person）」から生物的生にいたるある「幅」をもった存在としてある。ただ、これら二領域を措定することで、対面にかかわる諸問題の大まかな分類がさしあたって可能になるように思われる。

33　合奏と対話

木村敏がみずからの「あいだ」概念を説明するのにしばしば音楽の演奏、とりわけ複数の演奏者による合奏の例を用いたことは有名だが、われわれはそこに対面問題と直接に響き合う現象を看て取ることができる。この議論は『あいだ』においても展開されているが[*1]、『心の病理を考える』（一九九四）での説明は、専門用語を使っていないぶん分かりやすい。木村はそこで「数人で合わせている合奏音楽の全体が、個人の意志を超えたひとつの強大な意志を持ちはじめ、まるで一個の生きものであるかのように感じられてくる」という学生時代の「不思議な」経験について語っている。木村によれば、この「大きな意志」はそのうち「私自身の演奏行為を支配し、操作するようになる」。ただその一方で、それが「私個人が自分自身の演奏を通じて作り出しているもの」であることも確かである。つまりこれら二つの「意志」は相互依存的なのである。木村はこの現象を「二重意志」あるいは「二重主体」の体験と呼び、これは「ごく普通の友人どうしの対話」においても起こることだと言う[*2]。

二人のあいだで話がはずんでいるとき、私はもちろん自分の個人的な意志で会話に参加し、自分の個人的な意見を自分の選んだ話しかたで発言しているわけだけれども、そこで私がどのような発言をするかは、その調子（静かに話すか激しい口調を使うか）だけでなく話の内容まで、いつもその会話状況全体のほうから、いわば会話の場全体の関数として規制されていて、けっして私ひとりで勝手に決められるものではない。ここでもやはり、私が会話をぶち壊してしまおうとでもしないかぎり、会話そのものが私個人から独立した一個の主体的な意志をもっているのだが、私としてはこの無名の意志をまるで私自身の意志主体であるかのように受け取って、それに乗って会話を進めているという構造になっている。[*1]

ここで言われている「会話状況全体」、この「無名の意志」こそは、対面的磁場が抗いようのないしかたで支配する〈場〉の強制力と読み換えうるものなのではないだろうか。ここで注意すべきは、合奏と対話の違い、というより、「二重主体」や「間主観性」をいわば純粋に問題にしうる位相（木村がヴァイツゼッカーに拠って持論を展開する、理想的な合奏が想定される位相）と、「顔」や「体面」や「虚栄心」といった社会的、人間関係的な要素を考慮に入れなければならないもっと「不純な」位相、対他的な相互意識という「地獄」（後述）の位相の違いである。後者はおそらく合奏よりも対話を論ずるのにふさわしい（ただし「下手な」演奏の場合にも当てはまるかもしれない）。とはいえ、たとえば予期しないオーディエンスの出現が奏法を「狂わせる」ことがあることも事実である（友人がたまたま練習を聴きに来た。私はふだんどおり演奏できなかった、等々)。対面的磁場は、相手が「そこにいる」と意識するだけで生起するのである。

34 顔と体面

人間にはなぜ顔があるのか。人間以外のほとんどの動物にも顔にあたるものがあるとしたら、また顔以外の部位も同様の問いかけの対象になってしかるべきだとしたら、これは愚問かもしれない。しかし顔は、とりわけ人間の顔は、どうも特別らしい。それはどういうことだろうか。

顔は身体の「看板」である。個々の人間を識別するときにまず目安とされるのが顔である。また、「顔を出す」、「顔を見せる」、「顔をあらわす」、「顔を隠す」、「顔をそむける」といった成句にみられるように、出現、隠遁、忌避といった基本的行動を先導する身体部位でもある。これらはおもに比喩的に使われる表現だが、「顔」が好んで比喩に使われることじたい示唆的である。顔はさらに、赤くなったり、蒼ざめたりと、緊張、恥じらい、恐怖、不安などがはからずも露呈する場でもある(いわゆる「表情」の場でもあることはいうまでもない)。しかも顔はつねに表《おもて》に晒されている。他の部位とはちがって、衣などで被われることはまずない(白い布で被うのは死者の顔である)。

「対面」とはよく言ったものだ。「面」は外に晒されてある顔の面《おもて》であり、それが誰かに、あるいは何かに向かって対するのが「対面」である。人間は、顔を持っている時点で、もう対面を免れることができない。つねに誰かと、あるいは何かと対面しているのである。人間は自分の顔をマスクのように「取りはずす」ことができない。晴れがましくも、死ぬまで顔を「掲《かか》げた」まま――旗や看板を掲《かか》げるように――生きなければならない。これは苦行ではなかろうか。祝日でもないのに旗を掲げる間抜けさとばつの悪さをもって、人は毎日顔を晒しているのだ。

二十八日　午前、歯医者へ行った。ほとんど残像はない。今日は、顔の赤くなる日だ。百姓に会っても赤くなり、娘がすれ違っても火照ってきた。歯医者のところで挨拶しても、赤くなった。帰りにはこの哀れな自分を、もっと苦しめてやりたくなって、停車場へ行った。汽車へ自分の顔を乗せて、うんとなぶってやるつもりであった。発車まで一時間半もあったので、また歩いて帰った。途中赤くなった。[*1]

これは森田正馬『対人恐怖の治し方』（もと『赤面恐怖の治し方』一九五三）に見えるある患者の日記の一部である。「全治の境に近づいた」と主治医の森田からコメントされた時期の日記で、その証拠なのかどうか、自分を突き放し、観察や「実験」の対象とするような態度が見られる。「〔森田の教えにならって〕心して赤くした。恥かしくなかった」といった記述もある。森田はなるほど意図して赤面するよう患者に説いたのだった（「恐怖突入」や「逆説的志向」と呼ばれる治療法である）。赤面という現象については後述するが、「汽車へ自分の顔を乗せて」という表現に注目すべきである。この奇妙な表現から浮かび上がるのは、顔をもてあましている人間の姿である。

35　他人という地獄

苦行といえば、サルトルの戯曲『出口なし』（一九四五）で登場人物の一人が最後に口にする「地獄とは他人のことだ」という有名な言葉が思い出される。まさに出口のない部屋で顔を突き合わせている三人の男女の、重苦しい対面と激しい応酬の果てに発せられる言葉である。「地獄」は他所ではなく彼らのあいだにあったというわけだ。対他的存在としての人間の不幸といってもいいだろう。サルトルは後年、この言葉を解説して、その本意は、他者を通じてしか自己を認識できないという人間の不如意、自分についての判断にはつねに他人による判断が介在しているという人間の桎梏にあると述べている。[*1]『存在と無』（一九四三）の、対自から対他へと議論が移行する第三部冒頭の一連の主張と呼応する発言だ。

私のいう対面は、いうまでもなく対他関係の一様態である。そのもっとも「ホットな」側面と言ってもいいかもしれない。サルトルの強い影響下にあったと思われる多田智満子が、他者との対面のその先に自己自身との対面を見すえていたことは先に見たとおりである。サルトルにとって人間はまず対自的存在として（即自的存在としてのモノとの対比で）規定されるが、対自は対他と分かちがたく結びついている。対自と対他は相互に折れ込んでいる。両者はけっしてシメトリックな関係にあるのではない（サルトルは「私が私にとってあるところのものと、私が他者にとってあるところのもの」は比較できないと述べている）[*1]。重要なのはおそらく対自と対他の「からみ合い」である。そして、サルトルが対自的存在について強調してやまなかった〈自由〉の概念も、現実にはこうした対自・対他的ありかた全般（もっというならサルトルが『存在と無』の末尾でいう「状況のなかの人間の現実」[*2]）にかかわるものである。

この〈自由〉を甘美なものと受けとってはならない。われわれは〈自由〉を科されている。〈自由〉の享受を運命づけられている。サルトルは「人間は自由という罪を宣告されている（condamné à la liberté）」という言い方をしている。モノのような即自的存在にはないこの〈自由〉は、ネジや歯車でいう「遊び」に似ている。人間はこれがないと窮屈で生きられないが、この〈自由〉はその一方で人間を不安にする。人間の「所在なさ」もまたそこに由来する。自分の顔をもてあます人間の不幸もこれと無関係ではない。サルトルのいう〈自由〉が、神なき人間の〈自由〉、社会的存在としての人間の〈責任〉と裏腹の〈自由〉であることも忘れてはならないだろう。

36　顔と倫理

顔の話に戻ろう。

目、鼻、口、耳と、顔には五感をつかさどる器官のほとんどが集中している。五感だけではない。たとえば口は、先述したように、ものを食べて味わう器官であるだけでなく、言語コミュニケーションの重要部分を担う発声・発音器官であり、鼻と並ぶ呼吸器官でもある。顔は、たとえば腹や背中とはちがって、器官密度の高い、「忙しい」部位なのである。そして、そうした「インフラ」に支えられて、顔の社会性がある。

顔の社会性とは、その体面性のことにほかならない。「体面」、「面目」、「面子（メンツ）」など、人間の対他的・社会的体裁をいう言葉がいずれも「面」を含んでいるというのは示唆的である。しかも驚くことに、日本語の「面」は、まさにこの意味で英仏語の“face”に正確に対応している。“Save（lose）one's face”（英）、“sauver（perdre）la face”（仏）といった表現の意味が、日本語の「面目を保つ（失う）」という表現の意味にぴったり重なるのである。いうまでもなく「面」のこの意味は、「顔を立てる」、「顔を潰す」、「顔に泥を塗る」といった言い方に見られるように、「顔」という言葉にも共有されている。

人間は社会を顔で受け止め、社会に顔で返す。他の顔に自分の顔で返す。この「返答（レスポンス）」が相互的で対等なものとして引き受けられるとき、そこに「責任（レスポンサビリティー）」の観念が生まれる。というより、顔とはそうした対等性を成り立たせる何かである。責任とは、自分の体面や名誉を重んじながら、他人のそれをも慮ることである。「体面」や「名誉」といった表現が気に入らないなら「尊厳」と言い換えてもよい。「体面」にせよ「尊厳」にせよ、人はそれを顔のある種の表情（崇高な？）をもってしかイメージできない。

顔はモノからもっとも遠い何ものかである。対面している相手の顔をリンゴを見るようには見られないということの意味のひとつもそこにある。じつは、たとえ文字どおりの対面状態になくても、顔は純粋な視覚対象にはなりにくい。顔がなければ（そう仮定するのは容易ではないが）人間の身体はモノに近づく。逆にいえば、身体をモノ扱いできないのは顔があるからだ。人を殺そうとする者にとって、顔はやっかいな存在である。

第6章「ボクサーたち」で述べたように、人はよほど「非人間的」でないかぎり、対面している相手をモノを殴るようには殴れない。対面しているときには（対面に煽られると同時に）一種の抑制がはたらく。この抑制はとくに相手の顔から来るものである。この抑制があってはじめて、「殴り合い」にほかならないボクシングが競技として許容される。対面が課すこの抑制こそは倫理の第一要件である。

37　レヴィナスの〈顔〉

エマニュエル・レヴィナスには、対面と顔についての注目すべき発言がある。しかもそれは彼の哲学の根幹にかかわるものである。まずは次のような発言から。

〔……〕われわれは果して顔に向けられた視線というようなものについて語ることができるでしょうか。というのも、視線というものは認識であり、知覚であるからです。私はむしろ、顔への接近ははじめから倫理的なものだと思っています。鼻、眼、額、顎などを見ているとき、またそれらを描写できるとき、われわれは一個の対象にたいするように他人にたいしています。他人の眼の色にすら気づかないのが、他人と出会う最良の方法なのです。眼の色を観察しているときというのは、他人と社会的関係にないときです。顔との関係が知覚に支配されることはもちろんありますが、顔特有のものというのは知覚に還元されない何かなのです。

まずは顔の正直さというものがあります。じかに、無防備に晒されているということですね。顔の皮膚というのは、いつもどの皮膚よりも裸の、欠乏状態にある皮膚です。いやらしさのない裸ですが、どれよりも裸です。そして欠乏状態にある。顔のなかには本質的な貧しさといったものがあります。その証拠に、人はこの貧しさを隠そうとしてしなをつくったり、取り繕ったりするでしょう。顔は外に晒され、脅かされていて、まるで暴力的行為にわれわれを誘うかのようです。それでいて顔は、同時に、われわれに人殺しを禁ずるものでもあります。*1

ここには、私のいう対面性と響き合う要素がいくつか見られる。まず、顔は（少なくとも「顔特有のもの」は）視覚の対象にはならないということである。それが対面状態の顔だとはここでは言われていないが、そのことは暗黙の前提だと考えていいだろう（レヴィナスにおいては「顔」と「対面」はほぼ同義である）。逆にいえば、顔を視覚対象としてとらえるとき（「鼻、眼、額、顎などを見ているとき」、「眼の色を観察しているとき」）、われわれはいわば顔的なものをとらえ損ねている。

レヴィナスにおいては、ブーバーの場合に似て、対面は認識のひとつのあり方として考えられている。そこで対面に対置されているのは「総合（synthèse）」、ひいてはそれにもとづく「全体性の哲学」である。その歴史をレヴィナスは次のように要約している。

この〔哲学の〕歴史は、ひとつの普遍的な総合の試みとして解釈できます。つまり経験というものすべて、理性にかなったことすべてをひとつの全体性へと還元することとして解釈できます。この全体性においては、意識が世界を包み込み、意識の外部に他の何ものをも残さない。そして意識は絶対的思考と化す。自己の意識が同時に全体の意識となるのです。こうした全体化にたいしては、哲学史上、異議申し立てがほとんどされませんでした。[*1]

この「全体化」は根本的には〈他（l'Autre）〉を〈同（le Même）〉にすること、し尽くすことであり、これをレヴィナスは「〈同等者〉の思想（pensée de l'Égal）」とも呼んでいる。[*2]「全体化」は違いの否定、差異の無化なのである。一般に認識や「知（savoir）」というものはそうした傾向をもつものだと考えられているといえるだろう。

これにたいして、「全体化」されえない、「総合」されえない、「知」ではとらえられない最たるものが人間どうしの関係だとレヴィナスは言う。社会性のなかでとらえた人間といってもいい。それは、こういってよければ、横並び（côte à côte）ではなく対面状態（face à face）にある人間、顔としての人間である。顔は——というより顔をとおして現れる他人は——〈同〉化されえない、絶対的な他者なのである。それは〈無限〉の観念が浮上する場でもある。

〈同〉と〈他〉は、両者を包含するような認識のうちに入ることはできないだろう。〔……〕〈同〉と〈他〉のあいだの結びつきは、そこにすでにそれらの言語上の隣接性があるわけだが、私が〈他〉を面と向かって、正面から迎え入れるということである。この結びつきは全体性へは還元されえない。というのも、「対面」の姿勢は「……の傍らに」を修正したものではないからである。たとえ私が「と」という接続詞によって〈他人〉を私に結びつけたとしても、〈他人〉は私に面と向かい、その顔のなかで自己を示しつづけるのである。〔……〕敵対的であろうと、友好的であろうと、私の師であろうと、私の弟子であろうと、〈他〉は、私の〈無限〉の観念をとおして、かならず私に面と向かう。〔……〕対面は究極的な状況でありつづけるのである。[*1]

私のいう対面性と響き合うもう一点は、いうまでもなく、顔が発する倫理的要請に関係している。顔は「われわれに人殺しを禁ずるもの」だとレヴィナスは言う。他所では、顔は「汝殺すなかれ」と命令するのだとも述べている（このユダヤ・キリスト教的表現に注意すべきである）。[*2]この顔のもつ道徳性は「全体性やそこから来るさまざまな危険についての抽象的考察の上に、いわば第二の層として付け加わるといったものでは」なく、「他に左右されない、独立した射程」をもっている。レヴィナスにとって「第一哲学は倫理学」なのである。[*3]

顔に現れる他人は、「私」とは決定的に異質でありながら暴力には向かわしめない、とレヴィナスは言う。顔をつうじた他人の現前化は非暴力であり、平和であると。ここでいわれている「暴力」は、私のいう対面に由来する暴力、〈見つめ合い〉から来る暴力ではない。それは逆に、ブーバーがいうような意味での対象化（「それ」化）の暴力、対象化をつうじた「全体」への取り込みの暴力であるように思われる（レヴィナスの倫理思想の背景に第二次大戦中のドイツ軍の捕虜収容所での体験があったことはよく知られている）。他者への恐怖が暴力を生むといえるのかもしれない。他者を他者のままに受け入れることができず、他者を〈同〉化しようとするがゆえに、それができないときに暴力的になるのだと。いや、他者を〈同〉化しようとすること、弁証法的に「総合」しようとすることじたいが暴力だと考えられているのかもしれない。そうした暴力を押し止めるのが顔なのである。

顔においては〈他〉――絶対的に他なるもの――が現前するが、顔は〈同〉を否定しないし、世論や、権威や、奇跡を行う超自然的事象のように〈同〉に暴力をふるうこともない。顔は迎え入れる者と同レベルにあり、現世的なままでありつづける。この現前化はすぐれて非暴力的である。というのもそれは、私の自由を傷つけるのではなく、私の自由に責任を喚起し、私の自由を創設するからだ。この現前化は、非暴力ではあるが、〈同〉と〈他〉の複数性を保持する。この現前化は平和である。〈同〉とのあいだに境界をもたない〈他〉――絶対的に他なるもの――との関係は、ある全体性のなかで〈同〉が罹るアレルギー、ヘーゲル弁証法が依拠するアレルギーに晒されない。〈他〉は理性にとって、弁証法的運動に引き入れるスキャンダルなのではなく、第一の理性的な教えであり、あらゆる教えの条件そのものである。[*1]

先に私は「顔がフェアプレーを可能にする」という意味のことを述べたが、それに近い考えがここには見られる。ただ、レヴィナスによれば、自他の関係は非対称的であり、「私」は他人にたいして無限の責任を負うということである。私のいう「対面が課す抑制」、「顔が成り立たせる対等性」という慎ましい観念を貫く論理とは明らかに異なる論理がここにはある。それは、レヴィナス自身の言葉を借りていえば、〈同等者（l'Égal）〉の思想ならぬ〈非同等者（l'Inégal）〉の思想である。レヴィナスにとって、顔において現前する〈他〉は、どこまでいっても完全には〈同〉化されえない。それはまさに無限と外部性の淵源なのである。

38　動物にも顔はあるか

人間以外の動物にも顔といえるものがあるのだろうか。顔を単なる身体部位（人間なら「顔にあたる」と考えられる部位）としてではなく、いま述べた精神性や社会性や倫理性を帯びた領域として捉えるとき、動物にも顔があるということはけっして自明のことではない。われわれはふつうに犬の「顔」や猫の「顔」を話題にするし、ときには彼らの「表情」にまで言及するが、よく考えればその根拠は定かではない。そこに眼（のようなもの）があり、鼻（のようなもの）があり、口（のようなもの）があるという生理学的事実と、それをベースとしたナイーヴな擬人化が、この仮定を支えるすべてであるようにすら思われる。もちろん問題となる動物がヒトに近いかどうかにもよるだろう。ミミズの「顔」といってもピンとこないが、サルやチンパンジーの「表情」となるとがぜんリアリティーは増すからである。ヒューマン／ノンヒューマンという区分は、この点では（この点でも？）明らかに粗い。

動物にも顔はあるかというこの問題は、いわゆる動物論（あるいは動物哲学）の議論でよく取り上げられるトピックのひとつである。「人間中心主義的（anthropocentric）」とされる伝統的な西洋の思想家たち――デカルトからハイデガーまで、ととりあえずは言っておこう――は、このタームで問いを立てたわけではないが、彼らがこれに否定的に答えたであろうことは容易に推測される。一方、動物の権利や「解放」を説く論者たちの答えが肯定に傾くであろうこともまた想像に難くない。

ジャック・デリダは、レヴィナスですら――デカルトやカントの理性主義からあれほど距離をとり、顔（「裸」の顔）の倫理性にあれほどこだわったレヴィナスですら――動物に顔があるとは認めなかったと言う。レヴィナスはじつは動物についてはほとんど論じていないのだが、デリダに言わせればこの沈黙じたい示唆的である。レヴィナスのいう「顔」はあくまで人間の「顔」なのである。

〔……〕私の知るかぎり、レヴィナスが、動物のまなざしを、彼があんなに多くの見事な、心を打つ分析を捧げたあの裸の、傷つきやすい顔のまなざしとして語ったことは一度もない。〔彼にとって〕動物は顔をもたない。私を見つめる裸の顔、それを前にしては眼の色がどんなだったかも忘れてしまうというあの裸の顔をもたない。レヴィナスがあれほど頻繁に用いた「裸」という言葉――彼にとって、他者の顔、皮膚、傷つきやすさ、私の他者との関係、「私はここにいる」と言うときの私の他者にたいする責任、それらを記述するのにあれほど不可欠だったこの言葉――が、性差における裸にかかわるものであったことは一度もないし、私の動物にたいする関係の領域で現れたことも一度もない。動物は、顔も、皮膚すらも、レヴィナスがこれらの語に与えることを教えてくれた意味においてはもたないのである。[*1]

デリダにとって、動物に顔があるかという問いは、それ以上に重要な、動物は返答するかという問いとつながっている。先述したように、返答（response）は責任（responsibility）という倫理的問題を呼びこむのである。一般に、動物は問いに返答することはできない、刺激に反応（reaction）するだけだと考えられている。返答するのは人間だけだと。こうした考えの背景には、いうまでもなく、人間のみが言語を、つまりは理性をもっているという、人間を動物から区別する最大の根拠とされてきた事実がある。デリダは、この「動物は返答しない」という考えを疑問に付す。そもそも返答するとはどういうことか、返答と反応はそれほど截然と区別できるのか、云々。[*1]そして、動物による返答の契機を、動物が人間に向けるまなざしのうちに探ろうとする。

デリダは、一種の原体験として、飼猫に裸の自分を見られるという経験を語っている。デリダの猫は浴室で裸の主人をじっと見つめることがあるらしい。むろん（考えてみたら）猫も裸である。というか何も着ていない。デリダの猫は主人の性器にまで視線を向けるらしい。そのときデリダは恥かしいという気持を抑えられない。恥ずかしがっていることじたいを恥ずかしいとも感じる。[*2]デリダはこれを動物に「見られる」経験として、それにきわめて大きな意味を賦与している。「動物がわれわれを見る。われわれは動物の前で裸である。そしておそらく思考はそこから始まる。[*3]」「おそらく」と断ってはいるものの、思考（考えること）そのものがそこから始まるとは穏やかではない。

デリダの見るところ、歴代の思想家たちがこの動物に「見られる」という経験に思いいたることはついぞなかった。「デカルトと同様、カント、ハイデガー、レヴィナス、ラカンは、〔……〕彼ら自身が観察し、また話題にもする動物によって自分の方が見られるという可能性にはけっして言及しなかった。[*4]」つまり彼らは（本来的な意味では）思考しなかった、とデリダは言いたげである。これはデリダ的にはけっして法外な言い草ではない。彼にとっては、西洋のロゴス中心主義の根幹にその動物観——というより「主体」の地位からの動物の排除——があるからである。デカルトの「コギト」も、カントのいう「私」あるいは「人格（Person）」も、ハイデガーの

「現存在」も、ラカンのいう「主体」も、いわば動物なき思考の産物である。ところが、彼らは動物についてしか語っていないのだ。つまり否認《デネガシオン》あるいは排除という形で。[*1] デリダの動物論に賭けられていたものの大きさがうかがえようというものだ。

39　諸感覚の束

デリダは動物に「見られる」経験を語ることで、人間と動物の対面を視野に入れようとしていたのだろうか。「対面（face à face）」に類する表現の多用やレヴィナスの「眼の色」への言及にもかかわらず、どうもそうは思えない。少なくとも私のいうような意味での対面が、〈見つめ合い〉が、ここで問題にされているわけではなさそうである。しかし、人間との見つめ合いは、動物にとって、人間をインテンシヴに同じ生きものとして見ているひょっとしたら唯一の瞬間なのではないだろうか。いや、動物はこのとき「見ている」（だけな）のか。

それにしても、デリダのペニスを眺める猫も猫だが、そうされて恥ずかしいと思うデリダもデリダである。猫がどんな「興味」から、どんな「動機」から、主人の性器を「見る」というのだろう（それは「たんに見るため」、「見てみるため＝ためしに（pour voir）」だとデリダは繰りかえし言うが、それならなおさら恥ずかしがる理由は分からない）。そんなふうに言うのであれば、デリダはむしろ、ふだんは性器に目を遣ったりしない自分の猫の「気づかい」に、「デリカシー」に感謝すべきだったのではなかろうか。

私の犬は、私の性器に目を遣ったことは一度もないが、そのにおいを嗅ごうとしたことは何度かある。舐めようとしたこともある。そのとき私はそれをいやがった。なぜか。これにはいくつかの理由が考えられる。そこにデリダの「(見られる)恥ずかしさ」におそらく近い「居心地の悪さ」がまったくなかったかといえば嘘になる。しかしもっと大きな理由は、犬の嗅覚の赴くままに身を任せることで、それにたいして体を開くことで、いわば獣的世界――「悪臭」をこよなく愛する獣どもの世界――に自分まで染まってしまうのではないか、仲間入りしてしまうのではないかという不安だったろうと思われる。むろんこれは私の妄想から来る不安にほかならないが、それはともかく、対面において犬が私に向けるのは、視覚ないし嗅覚というより、嗅覚をもっとも太い管とする諸感覚の束のようなもの(むろんヒュームがいうのとは別の意味で)、嗅覚を中心とする一種の共感覚(synesthesia)であるような気がする。

デリダにおける視覚偏重は明らかである。この視覚偏重と嗅覚の無視はそれじたい症候的ではないだろうか。いまこの点を掘り下げる余裕はないが、じつは嗅覚こそは、嗅覚的なものこそは、デカルト的な「私はある」が前提としなかったとデリダがいう「私は生きている」や「私は息をする」の側にあるのではないか。[*1] そしてそこに、人間の内なる動物性とも重なる、対面の本質的な一側面があるのではないだろうか。

40　黙っていられない

レヴィナスは、われわれは対面する相手を前にしては「黙っていられない」とも述べている。彼は対面関係における言語の役割の重要性を強調する（「顔の公現は言語である」[*1]とも）。この強調は、彼の倫理性重視とセットであると思われる。

> 顔と言説は切り離せません。顔は、あらゆる言説を可能にし、開始させるという意味で、人に語りかけるものです。私は先ほど、他者との真正な関係を記述するのに、見ること（vision）の概念を拒否しました。この真正な関係というのは、言説であり、より正確には返答（réponse）あるいは責任（responsabilité）なのです。[*2]

> 言うこと（le dire）、それは顔の前では私はたんにそれを眺めているだけでなく、それに応答するということです。〔……〕目の前に誰かいるのに黙っているというのは難しいものです。この難しさの究極の根拠は、言われること（le dit）が何であれ、言うことに固有のこの意味作用にあります。何か話さないといけないのです。その日の天気のことでも、何でもかま

いません。でも目の前の人に話し、返答しないといけない。そしてそれはすでにその人について責任をもつことなのです。[*1]

「気まずい沈黙」というものがある。それはつまり、沈黙が気まずいものとなりかねない空気があるということだ。対面の場に漂う空気はまさにそれである。対面は沈黙を恐れる状態をつくり出す。そうして人は対面の場では強迫的に話してしまう。話さざるをえない。とにかく、何でもいいから、言葉を発するのである（木村敏のいう「会話そのもの」がもつ「大きな意志」を思い出そう）。対面が発話を強いるというこの拘束力は、私の議論のそもそもの発端である、対面が「ものを見えなくする」、純粋な視力の行使を妨げるという強制力と近似的である（レヴィナスも「見ること」と「返答」を対置している）。対面的磁場は人を盲目にし、人をうろたえさせる。責任関係はまずこのうろたえから始まると言ってもいいかもしれない。

41　lose control

なるほど対面は人をうろたえさせる。どぎまぎさせる。初対面ともなればなおさらである。面と向かい合ったまま「ふつうにしている」ことはむずかしい。照れ笑いもせず、冷静に、ただ見つめ合ったままでいることは誰にでもできることではない。昔、ヨーロッパでやらされた演劇の基礎練習に、二人一組で向かい合って稽古場の両端に立ち、見つめ合ったままゆっくりと近づいて来て、顔と顔が至近距離まで近づいたらそこで止まり、今度は、やはり見つめ合ったまま、後じさりしながらゆっくり離れてゆくというのがあった。それを何回も繰りかえす。まなじりひとつ動かさずに相手の目をまじまじと、長いあいだ見つめる。いわば相手の目をモノを見るように見る。対面を制圧するのである。照れたり、動揺を見せたりしてはならない。これはむろん「自然」ではない。現実と距離をとるためのひとつの訓練である。ふつうは対面状態に置かれたら「わけがわからなくなる」のだ。「コントロールを失う（lose control）」のである。

「見つめ合うと、なぜか素直になれない」という歌詞がある。対面は心理的バイアスをかけて人を惑わせ、「あらぬ方向」へと導く。

ヴィム・ヴェンダースの映画『パリ、テキサス』に次のようなシーンがある。主人公トラヴィス（ハリー・ディーン・スタントン）が妻のジェーン（ナスターシャ・キンスキー）と数年ぶりに再会するシーン（正確には、彼にとっては二度目の再会シーン）である。場所はジェーンが働くヒューストンの場末のピープショー・クラブの一室。二人はマジック・ミラー越しに向かい合っていて、ジェーンにはトラヴィスの姿は見えない。長い沈黙ののち、トラヴィスは彼女に言う。「記憶のなかでの方が語りかけやすかった。面と向かうと何を言ったらいいかわからない。」

子供のころ、友達とよく「にらめっこ」をした。笑ったら負けである。とくに「睨んだ」覚えはない。思うに、睨むのは、その方が笑いをこらえるのに都合がいいからである。私たちは、ただ互いに見つめ合い、それだけですぐにたまらず吹き出したものだ。とにかくじっと見つめ合っていることに堪えられなかった。ただ、吹き出すことが慣習というか、目的というか、そういう側面もないわけではなかった。吹き出さずにいられる者がいると、なにか非人間的であるような、残念であるような気がした。吹き出すのが当たり前で、それが友達の証ですらあるように感じていた。

42　マジック・ミラー

記憶というのはいい加減なものだ。『パリ、テキサス』についての先ほどの記述はまちがっていた。映画を再見して確かめたところでは、正確なせりふは「あなたを想像して話す方が楽だった。今は何を話せばいいかわからない」というもので、これを言うのはトラヴィスではなくジェーンの方である。それにいくつか大事なことを言い忘れていた。

言い訳がましく聞こえるかもしれないが、この記憶ちがいには根拠がないわけではない。別の場面だが、また言う相手も異なるが、トラヴィスも似たようなことを言うのである。

映画の終り近く、トラヴィスはジェーンとのあいだの子供であるハンターをジェーンに託して自分は消え去ろうと決心し、そのことを告げに、息子と二人で泊まっているホテルを出てジェーンに会いにゆく。息子はホテルに残したままである。ジェーンにホテルに来てもらい、息子を引き取ってもらおうというのである。ホテルを出る前に、彼は息子に向けたメッセージをテープレコーダーに録音する。面と向かっては話せないからだ。彼の録音は次のような言葉で始まる。「ハンター、僕だ。面と向かうとうまく話せる自信がない。だからこうやって話すよ……」「面と向かって」は原語では“in person”である。「じかに」、「身と身をつき合わせて」といった意味だ。

これに先だって、トラヴィスが息子に自分自身の母親（息子の祖母）の話をするシーンがある。意味のあいまいな、少し奇妙なシーンである。ピープショー・クラブで働いているジェーンをはじめて目にしたトラヴィスは、そのときは彼女に自分の正体を明かすことなくクラブを出て、街のバーでビールを飲み、珍しく酔っぱらう。要するに「荒れる」のである。その直後に来るシーンだ。彼は息子に、自分自身の母親について「母さんは浮ついた、軽い女ではなく、飾り気のない、やさしい人だった」、「父さんに勝手なイメージを押しつけられて困惑していた（embarrassed）」、「母さんはすごくシャイな人だった」などと言うのである。

「母さんはシャイな人だった」——おそらくこれがトラヴィスの言いたかったことである。なぜ言いたかったのか、よくは分からない。破廉恥な仕事に就いたジェーンへの一種の（想像上の）あてつけだったのかもしれないし、ジェーンにまともに話しかけることができなかった自分を間接的に正当化したかったのかもしれない。トラヴィス自身もまちがいなくシャイな人間なのである。
このあと、先述したように、トラヴィスは息子のハンターをジェーンに託そうと決心して、そのことを告げに彼女に会いにゆく。ピープショー・クラブへの二度目の訪問である。彼が個室で待っていると、マジック・ミラーの向こうにジェーンが現れる。もちろん彼女はそれがトラヴィスであることを知らない。そもそも彼と息子がヒューストンまで自分を探しにきたことすら知らないのだ。トラヴィスは「ちょっと話をしていいかな」と訊ねる。彼女が肯じると「少し長い話になるかもしれない」と言う。「時間ならたっぷりあるわ」とジェーン。それを聞いて彼は、自分が坐っている椅子の向きを変え、彼女に背を向ける格好で坐って、むかし愛し合っていた一組の男女の話をしはじめる。

ここで注目したいのは、トラヴィスがジェーンに背を向けて話しはじめることである以上に、彼が自分たちの過去の恋愛を三人称で語りはじめること、「僕」と「きみ」の苦悩に満ちた恋物語を「彼」と「彼女」の物語として語りはじめることである。相手の顔を見ないことが対面性を回避するひとつのやり方なら、自分たちの物語を三人称で語ることもまたそのひとつにほかならない。神話や小説の原点には、おそらくこの種の「知恵」が潜んでいる。

ジェーンは、はじめのうち、これが自分たちの物語であることに気づかない。あるいは気づかないふりをする（ここは作品の「本当らしさ」が問題となる微妙な部分である）。いずれにしても、他人事のように質問したり、感想を差し挟んだりするだけだ。しかし、物語が進行するにつれて、少しずつ彼女の顔に疑念が浮かびはじめる。疑念が確信へと変わるのは「トレーラー」という言葉を耳にしたときである（彼らは往時トレーラーを住居としていたのだ）。そのあともトラヴィスは物語を続けるが、三人称はもはや空洞化している。彼は「あのとき」自分が何を思い、何に苦しんでいたかを、ジェーンにはじめて告白するのである。彼女は動揺し、慟哭する。彼の物語が終わったとき、彼女はマジック・ミラーに近づき、鏡の向こうを覗き込むようにして「トラヴィス！」と呼びかける。彼はそこではじめて振りかえり、椅子の向きを直して、ジェーンをまじまじと眺める。

ジェーンが自分のいる部屋の電灯を消すと、彼女にもトラヴィスが見えるようになる。こうして二人は、マジック・ミラーをあいだに置いて、はじめて見つめ合う。ただ、この対面的姿勢も長くは続かない。今度はジェーンが、トラヴィスに背を向けて、「あれからの私」を語りはじめるのである。「あなたを想像して話す方が楽だった。今は何を話せばいいかわからない」と彼女が言うのはこのときだ。

スクリーンには、マジック・ミラーを背に、床に腰を降ろして話すジェーンと、その上方、ミラーの枠に浮かぶトラヴィスの顔が映される。二人ともこちら（観客の側）に顔を向けている。この対面の回避は、実存的（心理的）理由からのみ説明されうるものではない。ここには映像的表象の論理も働いている。これはおそらくヴェンダース好みの、「フォトジェニック」ならぬ「シネジェニック」な光景である。

43　赤面

対面の磁場は、ときとして、遠赤外線ヒーターのように対面する者の顔面を赤く、熱くする。赤面恐怖の患者によれば、顔が赤くなるときというのは、自分の意識が顔面に集中するのがわかる、それが血の流れを促すのだという。「ハッと思うと、腹のあたりから顔へドッと血が押し寄せる」[*1]とも。しかも顔面の紅潮が恥ずかしいと思えば思うほど、そこに意識がゆく。悪循環である。「自分はひとの百倍も赤面する」、それを治すには「顔にいく血管を細くする手術しかない」などと訴える患者もいたようだ。[*2]ただ心理的負荷は、むしろ自分の顔が赤いのではないか（周りがそう見ているのではないか）と思うことそのものから来る。ほんとうに赤いかどうかは二の次である。

赤面恐怖は、心理学的には、神経症のひとつである対人恐怖の一種とされる。対人恐怖には、赤面恐怖のほかにも、表情恐怖、視線恐怖、異貌（醜貌）恐怖、自己臭恐怖など、いろいろあるらしい。要するに、自分の身体的「欠陥」にまつわる劣等感（恥ずかしさ、みじめさ）や加害意識に苛まれ、そのために人前に出られない、ふつうの対人関係が営めないといったことが基本的な症状のようである。また対人恐怖がとくに日本人に多く見られるということも通説であるようだ。

対人恐怖は従来よりしばしば「羞恥」の概念に関連づけて論じられてきた。内沼幸雄はこれをはっきりと「羞恥の病理」と規定しているし、[*1]木村敏もこれを「健常者における羞恥の現象の病的に肥大したもの」[*2]としている。またそこには多分に比較文化論的視点が介在している（ルース・ベネディクトが『菊と刀』で提唱した「恥の文化／罪の文化」という二元論への反応等）。対人恐怖の専門家である内沼は、赤面恐怖、表情恐怖（「顔がこわばる」、「顔がゆがむ」、「目がつり上がる」、「泣いたような笑ったような顔になる」といった恐怖）、そして視線恐怖（後述）の三つを対人恐怖の中核的な症状群とした上で、一般に患者の症状は、重くなるにつれて、赤面恐怖から表情恐怖へ、さらに表情恐怖から視線恐怖へと移ってゆくという「症状変遷」説を主張している（赤面恐怖の前段階には「人見知り」があるとされる）。内沼によれば、対人恐怖のこれら三段階は、それぞれ羞恥の意識、恥辱（屈辱）の意識、および罪の意識に対応している。

赤面は、いうまでもなく、誰とでも、どんな状況下でも起こるわけではない（ただし対人恐怖は、重症化するにつれて、状況を選ばなくなるようである）。内沼も木村もそろって指摘しているのは、ごく親しい人間（家族、親友など）を相手にしても、また逆に赤の他人が相手でも、人は赤面しないということである。赤面するのは、両者の中間に位置するような人々（学校や職場の関係者、隣近所の住民など）、いわば「中途半端な顔見知り」の前ということだ。ただし、この「中間状況」（内沼）は、ほんのちょっとしたきっかけ（電車で老人に席を譲るなど）で、赤の他人とのあいだにも生まれるとも。要するに、人間は誰とでもすぐに「顔見知り」にはなるのである。

「もっとも典型的な中間状況は、赤面恐怖症者がいちばん怖れる異性との接触場面である」と内沼は言う。「男女関係の基軸が、求心力と遠心力の微妙な境にある媚態にあるとすれば、この関係はもっとも中間的な状況である」[*1]と。この議論がこれ以上深められることはないが（ちなみに、ここでいう「異性」が「同性」であってももちろん構わない）、対面が赤面の場になるとしたら、そのひとつの典型はなるほど、いわば媚態に折り込まれた羞恥とでもいうべきものの発現の場であるのかもしれない（それが本当に「中間的」といえるかどうかは別として）。

思うに、そこで頰が染まるのは、他者による自分の恋愛（欲望）対象としての認知、つまり自分が「愛される（欲望される）に値するか」どうかの評価がかかっているからである。しかも、それに自信がもてず、求愛を拒絶されはしないかという不安がつねに控えているからだ。要するに、断られる「かっこ悪さ」から赤くなるのである。相手に「勘ちがい」と思われる恥辱からといってもいい（「勘ちがい」とはなんと残酷な言葉だろう）。この場合、恋愛のストラテジーは二重となる。相手に「気がある」ことを気取られまいとしつつ（そうやって「勘ちがい」の非難から前もって身を守りながら）、その一方で「気がある」ことを示すなんらかのサインを送る（それが伝わらなければ何も始まらないからだ）。恋する者の赤面恐怖は、より深層においては、こうした内心のストラテジーを「見透かされる」恐怖なのかもしれない。

より一般的には、「公」と「私」、というより「一般」と「個人」をめぐる一種のカテゴリー・エラー（自己と他者のあいだの想定カテゴリーの食いちがい）も赤面を誘発するようである。マックス・シェーラーが有名な遺稿「羞恥と羞恥心」で挙げている例がそれだ。[*1] シェーラーによれば、裸の女性でも、患者として医者に見られたり、モデルとして画家に見られたりしている場合には羞恥心は抱かない。それは彼女が「一般者」として（患者の場合は「症例」として）視線に供されていると感じるからである。ところが、その医者や画家が彼女を「個人」として見はじめるや、たちまち羞恥心が生じる。逆に、「個人」としてのみ見られている場合、たとえば性愛行為のただなかで恋人から見つめられている場合にも恥ずかしいとは感じない。しかし、その恋人が画家がモデルを見るようなまなざしで彼女を見たら、やはり羞恥心が生じるはずである。つまり、羞恥心が起こるのは「感知される他人の志向が個体化的意図と一般化的意図とのあいだで動揺する場合であり、自分の志向と相手の志向とが〔……〕同一方向ではなく反対方向をとる場合である。[*2]」シェーラーはそこから、羞恥というものは「一般者の全領域にたいする個人の個的価値の防衛感情[*3]」であると推論する。

　私流に言い換えるなら、この「一般者」として相手を見るまなざしとは、相手を冷静に、ときに無遠慮に、「まじまじと」見る客観視のまなざしにほかならない。そしてこれこそが評価の、「値ぶみ」のまなざしである。評価は一般的基準の介在を条件とするからだ。対面にこのまなざしが混じるとき、そこで起きているのは、私が第10章で述べた「対面と対象視の混交」という倒錯である。そこに生まれるのは羞恥であるか、恥辱であるか、それとも昂奮であるか。むろんそれは状況によるだろうが、それらはけっして相互に排他的であるわけではない。恥じらいの蹂躙から来る昂奮というものもあるのである（それが相互的でないと誰が言えるだろう）。

ちなみにシェーラーは、羞恥の感情は人間に固有であり、人間と他の動物をもっとも明瞭に分かつ感情であると述べている。「動物が恐怖、不安、吐き気、さらには嫉妬といった多くの感情を人間と共有するとしても、従来のすべての観察によるかぎり、動物には羞恥心とその特定の表現とが欠けていると思われる」[*1]。シェーラーにとって羞恥心は、根本的には、人間がもっている精神性（「人格性」）と身体性（動物性）との接触面で、それらの「不均衡と不調和」から生まれるものだった[*2]。

44　視線恐怖

アメリカ精神医学会による『ＤＳＭ　精神疾患の診断・統計マニュアル』には「対人恐怖」のカテゴリーはない。そこで「対人恐怖」にあたるのは第三版『ＤＳＭ－Ⅲ』（一九八〇）以降で取り上げられるようになった「社会恐怖 Social Phobia（社会不安障害 Social Anxiety Disorder）」である。「社会恐怖」というタームはいまや日本でも定着しつつあるようだが、『ＤＳＭ－Ⅳ－Ｔ

R』（二〇〇〇）にはこれについて次のような記述が見られる。「臨床像およびその結果生じる障害は、各文化圏の間では、社会的要求によって異なることがある。ある種の文化（例：日本および韓国）では、社会恐怖をもつ人は、恥ずかしい思いをすることに対してではなく、社会的状況で他の人に不快感を与えることに対して非常に強い持続的な恐怖をもつことがある。こうした恐怖は、赤面、視線または体臭が他の人を不快にさせるのではないかという強い不安の形をとることがある（例：日本における対人恐怖症）。」[*1]

他人に不快感を与えること、あるいは他人に「迷惑をかける」ことへの強い恐怖は、たしかに日本人に特有だといえそうである（「世間を騒がせた」といって謝罪したり引責辞任したりする奇妙な慣習も、そのひとつの現われだろう）。被害を怖れるのではなく、加害を怖れるということだ。『DSM-Ⅳ-TR』には「赤面、視線、あるいは体臭」がもたらす不快とあるが、要因としては、他にも吃音、声や手の震え、発汗などが挙げられうる。しかし、他人を不快にさせることを怖れるのは、内沼によれば、視線恐怖症者に顕著に見られる傾向である（彼が視線恐怖を「罪の意識」と結びつけるゆえんである）。また、しばしば指摘されるのは、欧米では赤面恐怖はあっても視線恐怖はほとんど例を見ないということである。[*2] 内沼は、西ドイツやオーストリアでの研究を参照して「外国には視線恐怖はないか、あっても加害者意識が希薄」だと述べている。[*3]

自分の視線が他人を不快にさせはしないかと怖れるこの心情の根底には、なによりも視線の威力や攻撃性の意識がある（内沼はこれを視線の「破壊力」と呼んでいる）[*4]。冒頭でふれた「ガンつける」行為をめぐる応酬なども、まさにこの視線の攻撃性ないし暴力性を前提にしてはじめて理解できる現象である。視線恐怖症者は、自分がつねに他人に「ガンつけている」のではないかと悩むのである。

先に引用した森田療法で知られる森田正馬は、対人恐怖を日本ではじめて本格的に取り上げ、彼のいわゆる神経質症状に属する強迫観念の一種として定義した精神科医だが、彼は、他人の目を見ることが恐くてできないという症状を「正視恐怖」と名づけた。『対人恐怖の治し方』には次のようなコメントがある。

> たとえば正視恐怖は、自分が気が小さくて、人と面と向かって話すことができないと苦にして、いたずらに人を正視し、にらむことを稽古するものがある。われわれの自然人情から起こる礼法でも、貴人に対してはその膝を見、目上の人にはその胸を見、友人であっても、その顔をちょいちょいと見るだけで、これを見つめるということは、はなはだ無礼である、ということを知らないのである。*1

少し分かりにくい文章だが、要するに、正視恐怖の患者は、自分の視線が不快感を与えるのを怖れて他人の目をまともに見ることができない。しかしその一方で、そうした自分をふがいなく思い、それに反抗して無理にも他人を正視しようとするから、畢竟「にらむ」ようになる。そうするとますます自分を追い込んでしまう、というのである。強迫観念の本質はこうしたパラドックスにあるというのが森田の考えである。「あるがまま」、「自然のままに従う」[*1]ことを彼が説くゆえんである。引用文では、他人の目を見つめるのは「無礼」であるということを一般論（「自然人情から起こる礼法」）として語っている点にも注意していいだろう。目を伏せるのが通常の礼儀だというのである。

他人の自分にたいする視線を恐れるということももちろんある。これを自己視線恐怖にたいして他者視線恐怖と呼ぶ向きもあるようだ。たとえば、他人からつねに見られているような気がして落ち着かない、緊張して顔がこわばる、といった症状である。しかし自己視線恐怖と他者視線恐怖は、同じメダルの表と裏にすぎない。人間は他者の視線を取り込み、同化することができる。視線は「循環」するのである。森田が挙げている一人の「重症」の患者の例を見てみよう。

> 人に見られるのを気にすること。人と対坐するとき、または汽車、電車の中で、常に人に見られるように思い、顔が硬《こわ》ばり、口の囲りがしぼむような気がする。学校に行くのに、八時頃の汽車は混雑するため、十時頃の空いた汽車に乗り、座席はなるべく前か後か、人と向きあわない所へ取る。ステーションへ行く道で、女学生にたくさん会わなければならないので、わざわざ廻り道して、表口の方から入る。この道で女学生に会う時は、目に涙がにじみ、口が曲り、女学生が皆笑っているように思われる。学校では、クラス会にも出席したことは

ない。

人をにらむこと。二十三歳の三月、試験後、友人の話し中、友人が自分の視線を、ことさらに避けているのに気がつき、自分がにらむのではないかと考えた。その後、常にそのことばかり気にかかり、ある時は、試みに親友を訪問して話した後、やはり友人が、まぶしいように横向いた。以来いかにすればにらむことが治るか、ということに熱中し、自分の眼球が凹《くぼ》み、肉が落ちているからにらむことと考え、ベネット式運動中、眼瞼《がんけん》を摩擦することを毎日実行したけれども、効はなかった。

この頃は、にらまないで話のできたものは、一人の弟と、一番親しい学友一人だけであった。特に父に対する恐怖はなはだしく、廊下等では、自分は常に窓外に向いて話をなし、父の感情を害していた。

最近には、兄夫妻と話していた時、義姉が自分の視線を、手でまぶしそうにさけるので、兄から「もっと目をやさしくしなさい」といわれたこともある。これまでは『根治法』〔森田著『神経衰弱及強迫観念の根治法』〕によって、自分で治せるものと思っていたが、ただ警句が増すばかりで〔この患者は自分への戒めを警句として書きとめておくことが頻繁にあり、それじたいがひとつの症状をなしていた〕、兄のいうように、温かにせよ、といっても、何ともしようがない。この時、自分独りだけ、天井を向いて話をした。実際に、視線をどこへ持っていってよいかわからない。人の話し合っているところを見れば、どうしてあのように視線の転換ができるかと思われる。にらむということを忘れるために、学校を三週間ばかり休み、家に閉じこもっていたこともあるけれども、治らない。視線のうちに入ってくるもの、すべてをにらむような気がし、視線が一カ所に固定してしまうような気がする。多数の人と話さなければならない時は、誰が何といおうが、天井ばかりを見て、人形のように一カ所ばかりを見詰めている。

小学校の時、唱歌の先生から、人の顔ばかりにらみつけるといっておこられたことがある。道を歩いていて、一町（約一〇九メートル）くらい先の人でも、にらんでしまう。それで伏目にすると、相手の人が近づくにつれて、口の囲りがゆがむような気がする[*1]。

この患者の場合は、自己視線恐怖の方が他者視線恐怖より明らかに勝っている。「自分がにらむのではないか」という懸念の方が、「人に見られているのではないか」という不安よりも断然強いように見受けられる。しかし、両者は原理的には同じものではないだろうか。視者と被視者はつねに交代可能なのではないか。ひょっとしたら視線というものにはそもそも強度と方向があるだけで、主体といえるものはないのかもしれない。

それにしても、「視線をどこへ持っていってよいかわからない。人の話し合っているところを見れば、どうしてあのようによく視線の転換ができるかと思われる」といった告白から感じられるのは、他人の顔を「ふつうに見る」ことや、他人から見られて平然としていること、さらには見る対象ごとに視線を「転換」すること（これをわれわれは無意識に行っている）が、人によって、また場合によって、いかにむずかしいかということである。これはけっして自明の行為ではないのである。

45　脇見

脇見恐怖（あるいは横恐怖）というのもある。視野が異常に拡大し、まっすぐ前を向いていても両横にいる人や物まではっきり見える、どうしても脇にあるものに視線がゆく、視線を向けてはならないと意識すればするほど、そちらに視線がいってしまう、といった症状である。先の患者の訴えにも次のようにある。

傍の見えること。学校で、たとえば隣の人に小刀を貸せば、自分が前を向いていてもその人が見えて、気にかかって困る。これは二十歳頃から現われ、最も恐怖することは、車中で、女の顔が自分の方へ向いているように感じられ、またその人の着物の色が強く目について仕方がない。机に向かえば、傍の本が邪魔になり、これをのける。するとまた、鉛筆が邪魔になり、これをのける。次には、机の上のもの、すべてを片づけて、それで気がすまず、今片づけた本が気になり、本箱を直す。このようにして、少しも勉強ができない。[*1]

脇見恐怖については「視界に入るものに視線がひっぱられる」、「視界が異様に広がる」、「とにかく落ち着かない」といった訴えが多いようである。視野拡大にともなう視線の周縁化、分散、非集中、不安定などと言い換えることもできるだろう。引用文にあるように、他人の視線を身に感じ、それがきっかけとなる場合もあるようだ。その場合は、対面的磁場がそこに生じるが、しかし自分はその対面にまともに応じることができず、対面的磁場はむしろ自分の視線のブレや乱れを誘発する（あるいは助長する）、そのように言えるのではないだろうか。対面と客観視（対象化）の「配分」がうまくできない、対面性がむやみに入り込んで客観視の邪魔をする、視野を周縁へ周縁へと押しやる、そのようにも言えそうである。

先の引用では「女学生」や「女の顔」、その「着物」などへの特別な意識が見られたが、脇見恐怖は性的な身体部位に目が行くことにたいする恐怖でもありうる。内沼が挙げているある女性の症例には次のようにある。

高校三年になると視線が「百八十度」も拡がってよく見えるようになってきた。そのために左右が見えないように手で隠したり、首を動かさないようにしたりして、ひどく肩がこるようになった。横に目線が行くのが怖ろしくなり、とくに男性の性器の部分に目線が行くのが怖かった。そのうち男女の区別なく人の性器のほうに目線が行くのではないかと思うようになり、電車のなかなどで目を開けていることができなくなった。[*1]

視線恐怖には、目つきが「いやらしい」と思われることへの怖れもある。これを「色目恐怖」というらしい（視線の問題とは別に、「色気ちがい」というのもよく耳にする誇りの言葉だが、これなども日本人的であるような気がする）。一般に対人恐怖がとくに青年期の病であることは断るまでもないだろう。近年では「かつて主流であった「恥」の意識に基づく赤面恐怖は減少し、「おびえ」の意識に基づく視線恐怖が増加した[*2]」ともいわれる。

46　天井

「あの先生、授業中いつも天井ばっかり見てしゃべるでしょ」

「恥かしいのかな？　小心者？」

「学生と面と向かうと、惑わされちゃって、思ったことが言えないんだよ、きっと」

「とくに女子学生？」

「棒読み口調だしね。本を書くみたいにしゃべるのが理想だと思ってるんでしょ。そのためには周りに人がいない方がいいんだよ。周りにっていうか、目の前に」

「人がっていうか、人の身体が？」

「身体っていうか、視線だよね。それと顔」

「そのくせ学生が窓の外見てたり、内職してたりすると激怒するんだよね」

「窓の外か、いいなあ」

47　ひきこもる人々

「ひきこもり」は病名ではなく状態ないし現象に付けられた名前である。これをはじめて本格的に論じたのは斎藤環の『社会的ひきこもり』（一九九八）だが、彼はそこでひきこもりを「二十代後半までに問題化し、六カ月以上、自宅にひきこもって社会参加をしない状態が持続しており、ほかの精神障害が第一の原因とは考えにくいもの」[*1]と定義している。「六カ月以上」、「社会参加をしない」、「先に精神障害があるわけではない」ということがポイントらしい。斎藤はひきこもりがさまざまな精神障害をともなうことを否定しているわけではけっしてないが、彼が強調するのは、「まず「ひきこもり状態」があって、この状態に続発する形でさまざまな症状が起こってくる」[*2]ということである。たとえば斎藤は、対人恐怖（とくに自己臭妄想、自己視線恐怖、醜形恐怖）を「ひきこもり状態にもっとも多くみられる精神症状の一つ」[*1]としているが、こうした症状は「ひきこもり症状から二次的に起こっているか、少なくともひきこもり状態によって悪化させられている可能性が高い」[*2]と言う。ここでは、ひきこもりが、個人の病理として以上に、家族のあり方や教育システムにじかにかかわる社会の病理（不登校や「ステューデント・アパシー」と地続きの）としてとらえられている。

最近のひきこもり調査・研究のランドマークとされる齊藤万比古らの共同研究の最終報告書[*3]（二〇一〇）に収められた「思春期ひきこもりに対する評価・支援のためのガイドライン」（いわゆる新ガイドライン）に見えるひきこもりの定義[*4]も斎藤環のそれと大差ない。ただしそこには、ひきこもりは原則として「非精神病性の現象とするが、実際には確定診断がなされる前の統合失調症が含まれている可能性は低くないことに留意すべきである」という補足説明が付されている。控え目な表現ながら、その意味するところはおそらく小さくない。そこには、近年の研究動向を反映して、ひきこもりの「背景」にある精神疾患（とりわけ精神病性障害）にもっと目を向けるべきだという強い主張が込められているように思われるからである。じっさい二〇〇九年度の報告書に見える近藤直司らの調査では、全国五ヶ所の精神保健福祉センターへの来談者で診断が確定した者のうち、一〇％近くが統合失調症だったと報告されている（広汎性発達障害、不安障害、パーソナリティ障害、気分障害の診断例は当然ながらもっと多い[*5]）。少なくとも二十数万人はいるといわれる[*6]ひきこもり当事者にたいする治療や支援という観点からは、「ひきこもり＝病気」

という認識が不可欠ということなのかもしれない。

私のような素人の目には、はたして「ひきこもり」という用語で一括りにできるのかと疑われるほど、この現象の実態は多様であるように見える。海外でも多くの論者が“hikikomori”を取り上げているが、この用語は『DSM－5』（二〇一三）の「苦痛（distress）の文化的諸概念」のリストに収められるにはいたっていない（この点、第44章でもふれた『DSM－Ⅳ－TR』ですでに「文化的に規定された症候群」のひとつとされた“taijin kyōfushō”と好対照をなしている）。[*1]『DSM』に組み込まれることが大事だとは思わないが、これはひとつの目安ではあるだろう。フランス人専門家ニコラ・タジャンは、ひきこもりは「明確な臨床的記述ができるような症候群ではなく、ひとつの「苦痛の慣用句（idiom of distress）」である」と断じている。[*2]彼はその主な理由を「精神科医はひきこもり当事者のほんの一部にしか会っていないからだ」としている。[*3]

ひきこもり現象を考える上でまず重要だと思われるのは、それがあくまで家庭内（多くは親の家）での、自室における「籠城」だということである。つまり、ひきこもりは本来的な意味での孤独や自立への志向の産物ではない。自室のドアの向こうにはつねに「家人」がいるし、またいなければならないのである。そして、ひきこもりからの脱出のゴールは、本人の「病気」の治癒をいちおう別にすれば、あくまで「社会参加」あるいは「社会復帰」（登校、就労、社交など）であって、親との別居や自活ではない。少なくともそのように考えられている。斎藤環は、ひきこもり当事者が単身生活を始めることに否定的である。「多くはそのまま、アパートでひきこもってしまう」からだ。「むしろ家族との接点が持ちにくかったり、治療の導入が難しくなるなど、問題点のほうが多い」ので、「一度は同居生活に戻すのが原則」だとも述べている。[*1]

ここには、「ひきこもり＝若年層の病い」という認識と、治療には家族のサポートが不可欠であるという医療従事者の実感が色濃く反映されている。それらはいずれも根拠のあるものにちがいない。斎藤が扱った事例は、二十代前半までがほとんど（調査時の平均年齢は二一・八歳）で、不登校が長期化した例が圧倒的に多いとのことである。しかし、その一方で、近年のある調査（二〇〇七、二〇一二）では、ひきこもり期間の平均は一〇年、ひきこもり状態にある人の平均年齢は三〇〜三二歳という結果も出されている。[*2] ひきこもりは年々高年齢化する傾向にあるようだ。「ひきこもり像」じたいがそれとともに大きく変わりつつあるような印象を受ける。

成人のひきこもりに関して、それでも「家族のサポート」が肝要だとしたら、そうした現実こそが（そのような現実認識も含めて）文化的特徴だと思わざるをえない。それに端的にいって、家庭内でのひきこもりと単身生活者のひきこもり（いわば家庭内「籠城」と社会内「蟄居」）は別物ではないだろうか。というより、後者がそれ自体としてそれほど問題だろうか。斎藤は、〈個人〉〈家族〉〈社会〉という三者関係のなかでひきこもり問題を考え、とりわけ「本人と家族のコミュニケーション」の重要性を説く。[*3] そのとおりだろうと思う。ひきこもり問題のむずかしさは、家族が「病巣」であると同時に治癒の契機でもあるという点にあるのだろう。ただ、この〈家族〉の強調は、もう一方で、「顔を見せない」患者へのアクセスや、家庭内暴力への対応といった問題をかかえる医療現場の事情の反映でもあるのではないかと思われる。

根本の問題はおそらく、こうした〈家族〉の重視が、〈個人〉対〈社会〉、ひいては〈自〉対〈他〉という古典的な対立の図式を曇らせているという点にある。これは、ひきこもり現象そのものと、それを定義しそれに対処しようとする者の視点の両方から来るものだろう。いずれにしても、私などは、〈個人〉対〈社会〉というこのもっとも基底的な対立図式を起点に考えるのでなければ、単身生活者のひきこもりの問題に対象を広げることも、ひきこもりの高齢化や多様化に応じてパラダイムを組み換えることもできないと思うのだが、どうだろうか。

48　家族との対面

ひきこもりは、家族との対面とはいかなるものか、それは他人との対面とどう違うのかということを考えさせてくれる。家庭内でひきこもる者は家族ともほとんど顔を合わせない。だからそこにはじかの対面はない。しかし自分の部屋のドアの向こうに「家人」がいることは知っている。彼はしばしば家人の動静をうかがっている。「にらみ合い」である。家人もまた彼の動静をうかがっている。両者のあいだにはゆるい対面的磁場（「低磁力」の）が持続的に成立している。対面的磁場しかないといってもいい。対面なき対面的磁場。彼はそこに「安住」している。

考えてみれば、この「どっちつかず」の状態、孤独以上・社交未満の状態は、家族とともにある個人の常態である。「腐れ縁」の同棲カップルや夫婦の常態にも近い。社会との隔絶ということがなければ、それじたい問題というわけではない。それは場合によっては快適ですらある。しかしひきこもり当事者はそこに安住しているようで安住していない。さまざまな精神障害の症状を見せることがあるのは先に見たとおりである。焦燥感に苛まれることもあれば、家庭内暴力をふるうこともある。退行（子供返り）が見られることもあれば、自傷行為にいたることもある。それはおそらく彼の家庭内での〈個〉としてのあり方に「狂い」が生じているからである。要するに家族と近すぎるのだ。そしてそのことと彼が外に出られないこと、「社会参加」できないこととは裏表の関係にある。

しかし家庭内で〈個〉としてあるとはどういうことだろうか。そもそも〈個〉である必要がないのが家族なのではないか。いや、それは程度問題だろう。「程度問題」——歯切れの悪い答えであるが、ひきこもりの真実はおそらくそこにある。要は距離のとり方の問題である。家族の前である程度他人になる技術といってもいい。斎藤の助言のひとつに、家族のなかに他人（たとえば妹の婚約者）を入れるというのがあるが[*1]、これが有効なのも同じ原理による。そうすることで、家庭内に陽性の緊張が生まれ、ひきこもり当事者の〈個〉の度合いは確実に高まるからだ。

そもそも「ひきこもり」の定義じたい、度合い（グラデーション）を無視しては成り立ちにくい。「自室からほとんど出ない」、「自室からは出るが、家からは出ない」、「近所のコンビニなどには出かける」のいずれかに該当する場合を「狭義のひきこもり」とし、「（ふだんは家にいるが）趣味の用事のときだけ外出する」場合を「準ひきこもり」として、両者を合わせたものを「広義のひきこもり」とする定義もある（その人口は六九万六千人に上るという）[*1]。家族、親戚、友人、同級生、同僚、知り合い、近所の人、赤の他人など、ひきこもり当事者にとっての他者にも「濃淡」がある。

　ひきこもりは最終的解決のない問題である。「社会参加」がそれであるとは私には思われない。ひきこもりは「マネージメント」のしようによって天国にもなれば地獄にもなる。ある専門家のいう「（うまく）ひきこもれていれば、ひきこもらないで済む」[*2]というパラドックスは意味深長である。さしあたっては、「うまくひきこもる」ことを考えた方がよさそうである。

49　あがる

　対人恐怖は「あがり症」とも呼ばれる（人前であがることをとくに「対人緊張」という場合もあるようだ）。しかしあがるといえば、大勢を前にして話をしなければならないときにあがるのが一般的である（結婚式でのスピーチ等）。単一の社会恐怖症状でもっとも多いのは人前で話すことにたいする恐怖だという調査結果もある[*3]。対面は対面でも、これは一対一ではなく、一対多の対面である。より濃密な、インテンシヴな対面と言ってもいいかもしれない。
「あがらない方法」というのは、よくある「ハウツーもの」のトピックのひとつである。ただし今やいささか古びた感のあるトピックだ。あがる人間というのは、前近代的な人間、垢ぬけない田舎ものと考えられたふしがある（逆にあがらないことは、しばしば「新人類」的な若者の特徴のひとつとされた）。昔は「赤面」、「どもり」、「あがり症」などを治すと標榜する民間の施設（「民間矯正所」や「吃音矯正所」などと呼ばれた）の広告をよく目にしたものだ。東京正生学院などはその代表だろう。

舞台の上で、衆目のなか演奏しなければならないピアニストの場合はどうだろうか。あるブログに「ステージであがらない法」というタイトルで次のようにあった。

ある巨匠といわれる老齢のピアニストが、ステージに出る前は毎回緊張で足がガタガタ震え、二度と演奏はしたくないという恐怖にかられると言っていたことを聞いたことがあります。何百回もステージに立ってきた演奏家でさえ大勢の聴衆の前で演奏するのは大変緊張するようです。巨匠でさえそうですから、ましてステージ経験の少ない音楽家や、アマチュアの演奏者にとって、ステージで緊張することはあたりまえのことでしょう。
〔……〕最大の原因は練習不足ではないかということになります。その緊張のほとんどが、間違いなく演奏できるだろうか、失敗はしないだろうかという不安がその要因と考えられます。

それには練習を充分することで解消されてくると思われます。自分が過去に最高にうまくいった時のことを思い出し自信をつけること。必死に練習して自信をもって演奏に臨むようにすることです。それでも不安になったら、「充分練習したのだから、大丈夫！」と自分に言い聞かせます。

演奏がうまくいった、成功した姿を、強く思い浮かべるようにします。心の奥で「あがるのではないか？　失敗するのではないか？」と思っていると、その通りになってしまいますので、そういう考えが起こらないように、しっかりと成功したイメージを心に植え付けるのがいいようです。

さらにステージにあがってからは、ステージから客席を見下ろして、お客さんの顔までしみじみと眺めないようにします。お客様はみなカボチャと思って、絶対視線など合わせないようにします。客席は後ろの方、遠くの方をぼんやり見るのがいいようです。[*1]

十分に練習する、成功したときのイメージを思い描く（いわゆるメンタル・トレーニング）、客の顔を見ない――どれもよく言われることだが、注目したいのは、観客との真っ向からの対面を、見つめ合いを避けるという点である。気は持ちようである。対面しつつ、対面が「あたかもなかったかのように」ふるまうということだ。そっぽを向くわけにはいかないが、目のピントをぼかして、対面的磁場をくぐり抜ける。これは、いうまでもなく、武蔵のいう「近き所を遠く見る」ことや、目をやや細めて「うらやか」に見ることに通じる手法である（本書第8章）。考えたら、野球での投手と打者の対戦もまさに対面の場である。投手は打者の挑戦的な視線を避け、キャッチャー・ミットだけに視線を集中させるのだろうか。観客の食い入るような視線を「ぼんやり」と受け止めながら。

50　対面のマエストロ

ステージ・パフォーマンスを対面性の制圧《コントロール》として定義すること。

演劇のようにフィクショナルな「役」を演じることが求められる場合、これは比較的容易である。仮面の効用とも重なるところだが、パフォーマーが身にまとう虚構性が、対面的磁場のアナーキーから彼を守るからである。観客もまた、いわば安心してパフォーマンスに没頭することができる。そこには素《す》の対面のときのような「気まずさ」がないからである。パフォーマンスという広い地平から見るなら、演劇の虚構性というのは案外こんなところに由来があるのかもしれない。

我々観客の側から考えると、登場人物という一種の「隠れ蓑」があることによって、俳優を無遠慮に凝視できる部分がないだろうか。〔……〕俳優が素のままでそこにいれば、遠慮や気まずさが生じ、そのからだをじろじろとは見にくくなってしまう。しかし、俳優を登場人物と同化して考えることで、目のまえにあるはずのからだは一種架空のものとなり、我々観客は安心して無遠慮になることができる。逆説的だが、架空の存在と捉えることで、かえってしっかり見ることができるのである。そしてまた興味深いのは、架空の人物であることに油断して見ていたら、登場人物を演じる俳優が思わぬ生々しさでもって立ち現れ、生身の人間としての対面を要求してくる瞬間もあることである。*1

パフォーマーの虚構性は、この「生身の人間」の出現をきわだたせると言えるのかもしれない。いずれにしても、観客の愉楽は、この俳優の二重性そのものの享受、「役」と「生身」のあいだの揺蕩《たゆた》いにあるのだと思われる。

授業や講演といったパフォーマンスでは、虚構性の「庇護」がない分、対面性の制圧はよりむずかしくなる。逆にいえば、このような場こそは「対面のマエストロ」の腕の見せどころである。しかしマエストロは聴衆の顔を「しみじみと眺めないようにする」わけでも、聴衆と「視線をぜったい合わせないようにする」わけでもない。それはマエストロにふさわしい態度ではないだろう。彼はむしろ、聴衆の面前にどっかりと腰をすえ、幾人かの目を代わるがわる凝視して、そのつど一対一のインティメイトな対面を実現しつつ、しかもそのどれにも拘泥せず、惑わされず、集団的対面性を見事に制圧するはずである。聴衆からは「ほう」という感嘆の声が漏らされるはずだ。なにしろ彼は「対面のマエストロ」なのだから。

51 ピアノ・ロボット

二〇〇五年三月一九日のことである。この日、レクチャーコンサートシリーズ「ピアノはいつピアノになったか？」第8回「ピアノとテクノロジー」と銘打った演奏会が催された（企画・構成＝伊東信宏、講師＝三輪眞弘、演奏＝自動演奏ピアノと大井浩明、会場＝大阪 ザ・フェニックスホール）。楽器としてのピアノの歴史を振り返るというのがこのシリーズ全体の趣旨だが、この日はその最終回で、ピアノのいわば最終形態として自動演奏ピアノを取り上げ（といっても自動演奏ピアノじたいすでに百年以上の歴史をもっているらしいが）、ピアノとテクノロジーの出会いの産物たるこの「ピアノ・ロボット」（三輪）のもつ技術的・音楽的可能性をさまざまな角度から探ろうというものだった。すなわち「両手だけでは不可能だった演奏、人間には不可能だった精密なリズムや速さ、コンピュータとの共演」[*1]といった可能性である。

演奏されたのは、ショパンのエチュードを除けば、いずれも自動演奏ピアノのために書かれた作品である。ナンカロウ、リゲティ、バルロー、三輪、鈴木悦久といった作曲家の作品だ。それらをピアノ・ロボットが弾いたり（もちろんコンピュータ入力を介して）、大井浩明が弾いたり、両者が弾き比べたりする。二台の自動演奏ピアノを使った人間とコンピュータによる「ピアノ・デュオ」に、サンプリングされた声が加わり、三者が「共演」するというのがあるかと思うと、一定のルールのもと、演奏家がゲームのプレーヤーとなって、コンピュータと指使いの速さを競うというのもある。

いろいろと考えさせられる演奏会だった。そこで提起された問題は、とりわけ演奏家の（人間の演奏家の）身体にかかわるものだった。二本の手、十本の指はピアノ演奏にとって制約なのか、それともピアノという楽器に求められる音楽的達成にとって不可欠の条件なのか。ピアニストの身体的能力を超える演奏をするピアノはもはやピアノとはいえないのか。いや、ピアノ・ロボットの演奏はやはりどこまで行っても「機械」のそれでしかなく、ピアニストの精妙なタッチも、絶妙な間も、ついには実現できないのか。そうだとすると、それはたんに技術的な問題なのか（つまり将来的には解決可能と予測されうる問題なのか）、それとも人間の演奏とロボットの演奏のあいだにはそれとは次元のちがう、乗り越えられない壁があり、それが「有機的な音のつながり」や「音に吹き込まれた魂」の有無を決定するのか、云々。

正直なところ、私の粗雑な耳には、コンピュータ入力によるショパンの演奏もヒューマンプレイと区別がつかなかった。ピアノ・ロボットの精度がそこまで上がったということなのかもしれない。しかし私は、まったく別の回路から、両者の違いを思い知らされることになった。それはピアノの演奏ではなく、観客によるその享受にかかわるものである。簡単な話だ。大井浩明の超絶技巧が大喝采を受けたのにたいして、ピアノ・ロボット（というより無人の自動演奏ピアノ）に拍手が送られることは一度もなかったのである。

52　拍手

まず押さえておくべきは、ここではピアノがじっさいに奏でられたのであって、つまり鍵盤が打たれ、生《なま》の音が発せられたのであって、レコードやＣＤの音が流れたのではないということである。それでも、自動演奏ピアノの演奏後、一瞬「とまどい」のような奇妙な空気は流れたが、ついに拍手は起こらなかった。ステージがあって、ピアノがあって、満員の観客がいて、人が弾いたのと聞き紛うような演奏がなされたあと、それでも拍手がない……。それはたしかに奇妙なのだった。

「勘狂った」理由は、おそらくコンサートにおいて拍手というものがもっている約束事的側面や時間分節機能（演奏→拍手→演奏→拍手……）が発揮されなかったからである。拍手によって「区切って」いかなければコンサートらしくならない。しかも次の曲に移りづらい。しかしわれを見たりしている。ふと横を見ると、隣の中年男性もやはりあまり集中している風ではない。どうも「こんなはずじゃなかった」と感じているように見える。ちょっとしらけた様子でもある（こんな観察をしている私こそ集中ゼロだが）。ところが大井浩明の演奏が始まると彼らの態度は一変した。食い入るように大井を見つめていた。思うに、ロボット演奏はありがたくないのである。人がコンサートに行くのは純粋に「音」を「聴く」ためではなく、「人」（生身の演奏者）を「見る」ためなのではないか。もっというと、演奏者の何千、何万時間という練習の成果を、汗と涙の結晶を「めでる」ためなのではないか、そんなことを思った。コンサートというのは一種の祝祭なのではないか、「祝いごと」なのではないかとも。

さらに重要なことは、演奏者がステージに登場し、ピアノに向かったとたん、演奏者と観客のあいだに対面的緊張が生まれるということである。ここでは対面的磁場とはいわず、あえて対面的緊張といおう。一種形容しがたい「張りつめた空気」である。この空気が生まれたとたん、われわれはもう自由に（純粋に個として）ふるまうことはできない。流れのなかで半分「われ知らず」にふるまったり、極端な場合には金縛りにあったりする。じつは拍手というものも、そもそもは、そうした目に見えない相互的拘束関係のなかから抗いがたく沸き起こるものなのではないだろうか。

対面的緊張はときとして対面的陶酔に変わる。ヒトラーの演説にたいするあの熱狂と陶酔もこのあたりから説明できるかもしれない。そういえば、彼の演説にはどこか音楽的なところがある。

53 アドルノ

以上のような感想を同僚の音楽学者・岡田暁生に伝えたところ、アドルノに「拍手」と題されたこんな文章があるといって教えてくれた。アドルノが二〇歳ごろに書いた「劇場の自然史」というエッセイの一部である。少し長いが以下に引用する。

拍手は音楽とその聴き手のあいだの客観的コミュニケーションの最後の形式である。聴き手が音楽を聴いているときに彼のなかで起きていることはすべて、彼の私的な事柄にとどまっている。音楽はそれによって影響されることなく演奏されてゆく。演奏中に聴き手が音楽を活性化するというのは幻想である。拍手の盲目的遂行においてようやく両者は出会うのである。この拍手という行為は、古く、とうに忘れられてしまった生贄の儀式にその起源があるのかもしれない。われわれの祖先である男たちと女たちは、神官が生贄の動物を殺すときに拍手喝采したのかもしれない。今日、音楽はもはやこうしたことには何の関心も抱かない。聴衆は舞台によって音楽から切り離されている。つまり購うことのできる商品としての音楽から切り離されているのである。手拍子だけが音楽の神話的起源の記憶を呼び起こす。この起源は通常はその狭い部屋のなかに注意ぶかく閉じ込められている。

したがって、真の、そして本来の拍手とは、聴衆の満足や不満足からは彼らが思っているよりはるかに独立したものである。拍手がもっとも自発的に起こるのは、公的儀礼や祝典において、あるいは音楽的英雄の名声を前にしたときである。拍手が割れるように鳴り響くのは、自由な態度決定からではなく、儀式的機能から生じてくる場合である。室内楽にたいする音楽通の拍手には、いつもわずかの疑念が混じっている。そうした拍手は、選択の結果であり、聴き手の自律性に由来しているので、どれほど好意的なものであっても、すでにこの点で拍手の魔力を損なっているのである。

このことはブーイングと比べてみればよく分かる。もし拍手が自由な決断の産物だとするなら、その点ではブーイングも同じだということになろう。しかしわれわれは、ある作品や演奏があまり気に入らなかった場合ですら、ブーイングにたいしては何となく腹立たしさを覚える。そしてこの腹立ちのなかには、儀礼にたいする神話的忠誠が潜んでいるのである。

拍手が誰よりも似合うのはヴィルトゥオーソである。なぜなら彼こそは生贄を捧げる神官の特徴をもっともよくとどめているからである。〔名演奏について〕聖なる瞬間に授けられた贈りもののように語る田舎の批評家たちは、そうとは知らずに正しいことをしているのだ。闘牛士は今日でも闘いの前に聖人や君主に生贄を捧げるが、ヴィルトゥオーソもまた、演奏に痺れた信奉者たちの名において楽曲という牛を殺し、かくして彼らの罪を贖うのである。そのときヴィルトゥオーソは、的を外して、超絶技巧練習曲という角に突き刺される危険と隣り合わせである。しかし彼は、長年の鍛錬と厳格なしきたりによって、殺した生贄のはらわたを抜き、未知の神々のためにそれを火にかける。肉汁のしたたる肉片が聴衆の賞味に供される。ヴィルトゥオーソの行為を前にして、聴衆はいかなる疑念も抱かない。彼らは熱狂する。そして飽きることなくアンコールをせがむとき、彼らの歓喜は血への欲望に転化しかねない。もちろん演奏会においては、夢のなかと同様、儀礼の配役はもつれあっている。しばしば、誰が生贄にされるのか、作品か、ヴィルトゥオーソか、それとも我々自身なのか、もはや分からない。

儀礼の行為としての拍手は、芸術家と拍手する者たちの周りに魔法の円環をつくり出す。彼らのどちらも、この円環を突き抜けることはできない。この円環は外側からのみ理解できる。劇中劇における拍手の場面は、この意味で示唆的である。こうした遠くからの拍手は恐怖を引き起こす。彼方の舞台の上で拍手をする人々は、まるで太古の亡霊のように見えるのだ。彼らは、生贄の戦慄の只中で、われわれ部外者の前にいわば儀式の仮面をつけて現われる。薄笑いを浮かべているようにも見える、謎めいた表情の、気味の悪い仮面だ。だがわれわれは、束の間、まるで自分自身が知らず知らずのうちにこの仮面に変身してしまったように感じるのである。拍手を完全に脱魔術化してしまうのはラジオである。ラジオによって中継される拍手は、うず高く積み上げられた生贄の薪から立ち昇る炎がたてる音のように響くのである。[*1]

岡田暁生は、私信をつうじて、この文章の要点を以下のようにまとめてくれた。

かつて共同体構成員が全員参加する「場」であった音楽行為が、近代において舞台の上の生産者と客席の消費者とに分業分離されてしまった（これは『啓蒙の弁証法』の有名なオデュッセイ神話の分析とも通じるモチーフである）。かつてパフォーマンスと同時的になされていた拍手が、近代においてはパフォーマンスから分離されて、継起的・事後的に（パフォーマンスのあとで）なされるようになった。近代の演奏会の聴衆の沈黙のなかでは、すでに、音楽はコミュニケーションの行為ではなく、「音楽それ自体」へ、つまり一種のモノへと物象化しはじめている。かつての原始共同体的な「熱い」コミュニケーションは近代の演奏会では退化してしまい、いまや演奏後の拍手のなかにのみかろうじて残るだけである。本来的に拍手は、「演奏がよかったから拍手する」といった理性的な分別ある活動ではなく、多分に儀礼的・神話的なそれである。

アドルノの文章にこれ以上の解説は不要だろうが、彼のいう「魔法の円環」こそは、私がここで言っている対面的磁場ないし対面的緊張ではないだろうか。アドルノに引き寄せていうなら、対面は、当事者双方にとって逃れられない（「突き抜けることのできない」）一種の呪縛なのである。またそれは、「外側からのみ理解できる」性質のものである。岡田の言葉を借りていえば、対面じたいがそもそも原始共同体的な「熱い」コミュニケーションなのかもしれない（これを山極寿一のいうゴリラ的コミュニケーションと比べてみても面白いかもしれない）。

54　マリオネット

人形《マリオネット》を目の前にして、それに必死で生の息吹をふきこもうとしている人物を想像せよ。生が息吹くとは、なによりも対面的磁場が発生するということではないだろうか。「生きている」という実感は、対面性の実感にほかならないのではないか。

クライストに『マリオネット劇について』[*1]（一八一〇）という愛すべき小品がある。舞踏家のC氏という人物の口を借りて、ダンサーは人形に学ぶべきだという、一見パラドクシカルな考えを展開する舞踏論の書だ。もちろんどんな人形でもいいというわけではない。これは私の解釈だが、「魂」を吹き込むすべを心得た人形遣いに操られる人形でなければならない。C氏によれば、人形が人間よりすぐれているのは、人形はしなを作ったりしないからである。しかも「反重力的」である（人間のように重力の制約を受けない）。そこから独特の優美さが生まれる。人間にそれがないのは、とりわけ意識が邪魔をするからだ。この優美さを獲得するためには、意識がないか無限の意識をもつか、つまり人形か神でなければならない。

C氏が最後にする熊の話が面白い。熊に向かってフェンシングをする羽目になり、熊がこちらの打ち込みをかわす巧みさに驚いたという話である。なんと熊は「本当の突き」を軽くかわす一方、「誘いの突き」にはいっさい反応しなかったというのである。熊はフェイントをかけても微動だにしなかったというのだ。熊はC氏の目を見つめ、まるで彼の「心の内を見透かす」ことができるかのようだったという。思うに、フェイントはしなと同様、まやかしであり、意識ある者のみが囚われる罠だということなのだろう。それは人間だけが被る対面のマイナス面だともいえるかもしれない。対面にうろたえ、顔を赤くする人間もいれば、対面にまったく動じない動物もいるということだろうか。「ピュア」な、「透明」な対面というものがあるとしたら、それはこうした対面なのだろう（剣豪がめざす境地がこれなのかもしれない）。

55　アンドロイド

生きている人間の身体はつねに動いている。不動のつもりでも、石のように不動であることはない。まばたきもすれば、呼吸もする。呼吸につれて、胸も、肩も、腹も動く。脈も打っている。かすかな震えもあるだろう。ドラマで死人を演じるのがむずかしいゆえんである。「動物」とはよくいったものだ。動物とは、他者に動かされるのではなく、みずから、ひとりでに動くもののことである。

ロボット学者の石黒浩によると、人間に似たロボットを作ろうとするときに重要なのは〈見かけ〉に劣らず〈動き〉なのだという。完璧な〈見かけ〉を作っても、〈動き〉がぎこちなければ人間らしくはならない。それどころか、〈見かけ〉が人間に近ければ近いほど、〈動き〉とのギャップから来る違和感は大きくなり、気味の悪さが生じる。いわゆる「不気味の谷」である。[*1]

アンドロイドという、人間に限りなく近いロボットを作ろうとする石黒が直面したもっとも難しい問題が、何もしていないときの人間のかすかな動きをいかに再現するかという問題だった。彼はこれを「無意識的微小動作」と呼んでいる。[*2] これを人工的に作り出すのは至難の業であるらしい。彼は何十本もの「空気圧アクチュエータ」（一種の人工筋肉）をロボットの上半身に埋め込んでこれを実現しようとした。その結果、いかに精妙なアンドロイドが出来上がったかは周知のところである。思うに、こうした微細な動きというのは、顔かたちの似姿以上に、人間の「存在感」に直結している。じつは対面性を下支えしているのがこれなのかもしれない。

生物物理学者の柳田敏雄が指摘するように、生体はそもそも分子レベルでつねに「ゆらいで」いる。筋肉のなかではアクチンとミオシン（分子モーター）が「ふらふらと動いている」のだという。この運動はいわゆる「熱ゆらぎ＝ノイズ」で、コンピュータなどの人工機械がこれを抑えるために膨大なエネルギーを使っているのにたいして、生体はこれを積極的に活用している、だから僅かなエネルギー消費で済む（「いい加減」が生物の柔軟性の真髄だ）というのが柳田の主張である。[*1] この「ゆらぎ」が肉眼で見える運動であるはずはないが、対面的磁場の根底にこれがあると考えるのは、少なくとも想像力を刺激する仮定である。

ところで、石黒が作ったアンドロイドを見た人々の反応はどうだったのだろうか。人々はアンドロイドをどこまで人間に近いと感じたのか――この疑問を解くべく、石黒は「対面実験」なるものを行っている。被験者をアンドロイドと向き合う形で坐らせ、アンドロイドにいくつかの短い質問をさせて、その間の被験者の目の動きを観察する。次に、アンドロイドを本物の人間や従来型のロボットで置き換えて同じ観察を行い、結果を比較する、というものである。なぜこのような実験を行うのか。石黒は次のように言う。

〔人間は〕人と話しているときに、たいていはその人の目を見るが、じっと見続ける人はいない。しばらく目を見たら、必ず少し目をそらして、また目を見る。しかし、物を見るときに、あえて目をそらすようなことはしない。この目をそらすという動作が出てくるのは、相手が人間で、互いに社会的な関係があるときだと言われている。[*1]

この実験で分かったのは、被験者は対面相手が従来型のロボットのときだけ目を反らさないということだった。一方、相手がアンドロイドなら目を反らした、つまり人間に対するときと同じ反応を示したのである。石黒が作ったアンドロイドがいかに人間に近いものとして受容されたかということだ。われわれにとって興味ぶかいのは、人間（および人間に準じる者）とモノとを区別するにさいして、それと対面する人の目の動きが目安とされたということである。アンドロイド作りの成功度は、それが対面的磁場を成立させるか否かにかかっていると、いささか我田引水的に言ってもいいかもしれない。成功したアンドロイドのまなざしに人はたじろぐのである。

もう一点、これに関連して石黒が指摘していることで面白いのは、人間に酷似したアンドロイドに人は容易に触ることができないということである。「アンドロイドを初めて見た人は、たとえそれが人間でないと分かっていても、平気で触ることができない。触ることにすごく躊躇する。一方、〔従来型の〕ロボットには、たいていの人が平気で触る。[*2]」

触れることをためらわせるのは、いうまでもなく、対面的磁場に由来する倫理性である。人をモノのようには殴れない、モノのように性的オブジェとして扱うことはできないなどと言わしめる倫理性と同じものだ。ここでも、生きた人間であることの証が、対面性とかかわる部分で考えられている。繰り返していうが、対面的磁場、すなわち倫理性の成立に、文字どおりの対面が必要であるわけではない。アンドロイドに触れないのは、なにも対面時だけのことではないだろう。しかし対面時には倫理性のハードルはより高い。対面相手を触るのは、背を向けている相手を（こっそりと）触るよりむずかしいはずである（というより、対面相手はまさに「こっそりと」は触れないのだ）。

石黒浩は、主要なものだけでも子供型アンドロイド「リプリーR1」、女性型アンドロイド「リプリーQ1」、「リプリーQ2」、石黒自身をモデルにした「ジェミノイドHI-1」、その後継機ともいうべき女性型「ジェミノイドF」と続いた人間酷似型ロボット開発の果てに、人間との外面的な類似要素を最少限にまで切り詰めた「最低限の人間」、「ミニマルデザインのジェミノイド」[*1]に行き着いた。このことは示唆的である。あえて図式的にいえば、もともと「なぜロボットが人間に似ていてはいけないのか」という問題意識から出発した石黒は、ここに来て、「なぜ（何から何まで）似ていなければいけないのか」という問題意識へと大きく舵を切ったように見える。

「テレノイド」と名づけられたこのミニマルロボットは、体長八〇センチほどで、赤子のような頭部をもつが、四肢は尻すぼみである（お化けのキャスパーにちょっと似ている）。ポイントはやはり目である。「どうしても必要なのは目である。目だけは人間らしいものでないと、人形になったり動物になったりしてしまう。また、ジェミノイドと同じ遠隔操作の機能をもたせるためには口も必要である。ただ、目が十分に人間らしければ、口は開閉することが明確にわかる程度でいいだろう。[*1]」従来型のロボットに戻ったわけではもちろんない。そうではなく、〈人間〉を感じさせる最少の要素にイメージが純化されたのである。そしてそれは、結局のところ、対面性を実現すれば足りるということであったように私には思われる。

56　ゲシュタルト

人間はいたるところに目や鼻や口を見ようとする。石黒浩も次のように述べている。

> 人間は本来、対話の対象を擬人化する傾向を持つという、非常に強い脳の機能を備えている。たとえば、人間は、ヤカンにさえ話しかけることができるが、話しかける際には「どこに鼻があり、どこに目があるか」を無意識のうちに想像している。[*2]

ここで目や鼻や口を見るとは、「目鼻立ち」あるいは「顔立ち」を想定するということにほかならない。これにはじつは相手が「対話の対象」である必要はない。たとえば、私たちはよく自動車のフロント部分を顔として（ヘッドライトを二つの目として）見るし、天井や壁のシミを人の顔を象っているかのように感じる。いくつかの点や線が与えられたとして、それを具体的な形象に結びつけるさい（そこから具体的な形象を想像するとき）、もっとも頻繁に浮んでくるのがおそらく〈顔〉である。つまり〈顔〉はゲシュタルト的認識の恰好の素材なのである。現象学者が言うように、われわれには空白を補う能力があるのであって、極端にいえば、丸が二つ並んでいるだけで、そこに〈顔〉を見ることができるのである。この種の形象には他にも〈人体〉や〈動物〉や〈雲〉や〈山の稜線〉などが考えられるが、それでも〈顔〉の優位はゆるがないように思われる。この〈顔〉の特権性はいったい何に由来するのか。それを「対面の名残り」と考えることはできないだろうか。

57　パリンプセスト

われわれは、面識のない人でも、電話の声からその顔を想像する。名前を知っただけで、おぼろげに顔を想像することもある。そのさい「上島」という人の顔には、どうにも避けがたく既知の上島さんの顔が重なる。あの上島さんだ。しかし実際に会ってみると、その上島という人の顔は、案の定、ぜんぜん別物である。こうまで違うかと思うほどだ（これはむろん間抜けな感想である）。そこで私は、その人のイメージを修正するため、記憶に新しい顔を「上書き」する。「上書きします。よろしいですか？」「はい」

ところがである。新たに出会った上島氏の顔の記憶からあの上島さんの顔がまったく消えるということはない。消したくても消せない。上島さんの顔は、背後に退くとはいえ、二重写しのように残るのである。「メモリー」のどこかに残るのだ。顔はパリンプセストである。

58 仮面

和辻哲郎に「面とペルソナ」と題された有名な一文（一九三五）がある。そこでは、ふだん分かっているつもりでも、いざ正面から問題にするとよく分からなくなる不思議なもののひとつとして「顔面」が取り上げられている。私が上に記したようなことも書いてあって面白い。和辻が言うには、われわれがある人物を思い浮かべるときによすがとするのは、その人の（記憶のなかの、あるいは想像上の）顔である。体つきや後ろ姿や歩きぶりが加わることもあるが、顔は欠かせない。その証拠に、肖像彫刻や肖像画に見られるように、「芸術家は「人」を表現するのに「顔」だけに切り詰めることができる」。逆に、頭部を欠いたトルソーは断片的性格を免れない。

「胴体から引き離した首はそれ自身「人」の表現として立ち得るにかかわらず、首から離した胴体は断片に化するということになる。顔が人の存在にとっていかに中心的地位を持つかはここに露骨に示されている。[*1]」

この点をさらに突き詰めたのが面（仮面）であると和辻は続ける。面は頭部の表の面をあらわしたものにすぎない（面は「おもて」とも呼ばれる）。その「表面」にすぎないものが、ひとたび役者によって装着されるや、驚くべきことが起こる。面は、展覧会で鑑賞するものではなく、舞台の上で、動きのなかで、役者の所作とともに眺めるべきものだと和辻は言う。けだし名言である。というのも、役者の身体と面が文字どおり連動するのである。身体所作が面に生命を吹き込むと同時に、身体もまた面によって活かされるのだ。ただしここでも主導するのは面の方である。注意すべきは「面がそれを被って動く役者の肢体や動作を己れの内に吸収してしまうという点である。実際には役者が面をつけて動いているのではあるが、しかしその効果から言えば面が肢体を獲得したのである[*2]」。私なりに言い換えれば、面が他の身体部分を「もってゆく」のだ。顔面の「強烈さ」はここに極まるといってもいい。

和辻は、日本の面の優秀さを説いた上で、怒りや喜びといった「人らしい表情」を誇張し類型化して表現した伎楽面と、「徹底的に人らしい表情を抜き去った」能面との違いにも言及している。要するに、いま述べた面の「吸収力」は、何らの表情も刻まれていない能面において最大となるというのである。

〔舞台上では〕表情を抜き去ってあるはずの能面が実に豊富きわまりのない表情を示し始める〔……〕。面をつけた役者が手足の動作によって何事かを表現すれば、そこに表現せられたことはすでに面の表情となっている。たとえば手が涙を拭うように動けば、面はすでに泣いているのである。さらにその上に「謡」の旋律による表現が加わり、それがことごとく面の表情になる。これほど自由自在に、また微妙に、心の陰影を現わし得る顔面は、自然の顔面には存しない。そうしてこの表情の自由さは、能面が何らの人らしい表情をも固定的に現わしていないということに基づくのである。笑っている伎楽面は泣くことはできない。しかし死相を示す尉や姥は泣くことも笑うこともできる[*1]。

和辻はここで観客の話は表立ってはしていないが、こうした面の表情の自由自在な変化はいうまでもなく観客の想像力ないし投影の産物である。面のつくりは不動であり、そこに表情の変化を読みとるのはあくまで観客である。面というテクストに「空所」があればあるほど、人はそこに多様な意味を投影することができる。

和辻の議論からは外れるが、これを人と人との対面の状況と比べてみたら面白いかもしれない。対面相手の顔はいうまでもなく仮面ではない。対面は相互的なまなざしの場、見つめ合いの場である。不断にゆれている、「不測の事態」が起こりかねない、不安定な場だ。その不安定さは、対面する双方が生きて動いているため、一方向的な意味の投影が許されないというところから来ている。インタラクティヴであるとは本来的にはそういうことだ。対面の「悩ましさ」もまたそこに由来する。これは仮面との「対面」とはずいぶん違う。仮面は受け止めてくれるのである。私はここに仮面の一種のカタルシス機能があるのではないかと思う。そして仮面が与える「安心」（これはカタルシス機能の一面でしかないだろうが）は、理屈からいっても、それが許容する多義性とは反比例して、能面よりもむしろ伎楽面によってもたらされるのではないかと思う。

和辻の「面とペルソナ」に戻ろう。和辻は、身体における顔面の重要性に話を戻し、次のようにまとめる。「顔面は人の存在にとって核心的な意義を持つものである。それは単に肉体の一部分であるのではなく、肉体を己れに従える主体的なるものの座、すなわち人格の座にほかならない。」これにはじつは「ペルソナ」というラテン語由来の西洋語がたどった歴史が呼応している。和辻は、もともと「面」を意味したこの言葉が、「劇中人物」、さらには現実生活での各人の「役割」、文法でいう「人称」、キリスト教でいう「位格」（「三位一体」という場合の）などの意味を巻き込みつつ、ついには「行為の主体」、「権利の主体」としての「人格」を意味するにいたった経緯を簡単に振り返り[*1]、「このような意味の転換が行なわれるための最も重大な急所は、最初に「面」が「役割」の意味になったということである」[*2]と指摘する。そして「ペルソナが人格の意味を獲得したという歴史の背後にも、前に言った顔面の不思議が働いていた、と認めてよいはずである」[*3]と結んでいる。

坂部恵は、和辻の一文をコメントするなかで、「ペルソナ」におけるこの「役割」（坂部の言葉でいえば「役柄」）の概念を引き継ぎ、それを「人柄」や「間柄」の概念と接続している。これらを貫く「柄」の意味を強調しているといってもいいだろう。

和辻倫理学の基本的主張にいわれるように、〈人〉を〈人〉たらしめるもの、〈人間〉を〈人間〉たらしめるものは、その総体がときに〈世間〉〈世の中〉などと呼ばれる人と人との〈間〉ないしは〈間柄〉にほかならない。このことは、〈仮面〉としてのペルソナにも、〈人格〉としてのペルソナにも、共通していえることといってよい。〈役柄〉をして〈役柄〉たらしめるのは、他のもろもろの役柄との間にとりむすばれる関係のあり方としての〈間柄〉であり、〈人柄〉を〈人柄〉たらしめるのも、また、〈間柄〉にほかならない。〈人柄〉という概念が、多くの場合、たとえば、教師として、父として、労働者として、あるいは社会人一般として、というように、意識的にせよ準-意識的にせよ、何らかの〈間柄〉における〈役柄〉としてのふさわしさないしふさわしくなさという文脈で使われることからもわかるように、何らかの〈役柄〉をはなれた抽象的・自存的な〈人柄〉とか〈人格〉的実体とかいったものがあるわけではない。〈人柄〉とは、いってみれば、それぞれのコンテクストの中に置かれた、〈関係の束〉ないし〈柄の束〉以上のものではないのだ。[*1]

しかし、これは多分に日本的なペルソナ解釈ではないだろうか。いや、日本的かどうかは別にしても、西洋における〈人格〉概念の厚み、深み、神話性がここに尽くされているようにはとうてい思えない。少なくとも西洋では「〈人格〉的実体」はあると信じられたのである。西洋における「ペルソナ」という語を介した「仮面」から「人格」へのシフトは、大きくいえば、表層から深層、身体から精神への移行として、人間についての本質主義的定義、とりわけ人間を動物から区別する理性主義的定義を根本において駆動したものではなかったかと思われる。日本の能面に具現されているような、洗練された仮面文化を西洋がもたなかったとすれば、それはこうした事情とも関係がありそうである。

59　対面の比較文化論

あえて図式化してみる。

対面は西洋的である。それは西洋人の身の持しかた（port du corps）や対人関係におけるふるまいの作法を根本において規定している。握手も、抱擁も、挨拶のキスも、対面を前提とした所作である。〈見つめ合い〉の暴力性も、その馴致ないし反転としての〈見つめ合い〉の美学やドラマツルギーも、西洋文化にはお馴染のトポスである。[*1] この対面の重要性は、西洋人が〈個〉としてあるということ、彼らの各々が〈個〉として屹立しているということと深く関係している。〈個〉のないところには十全な意味での対面もないからである。こうした〈個〉のありようが近代後期以降、さまざまなところで行き詰まりを見せているということも事実である。それは、後述するように、何よりも〈人格〉の思想の行き詰まりであると思われる。

これにたいして、横目、流し目は日本的である。日本文化は「横並びの文化」だといえる。対面して(face to face)ではなく、横に並んで(side by side)、同じ方向を眺める。クラブで踊る者たちや、カウンターで飯を食う人々を見よ。この国にはフランス料理ですらカウンターで食わせるところがある。畢竟、他者を見る目は横目、流し目になる。そこには対面がないだけでなく、目立った対立もない。面と向かった衝突を避けるというのが、この国では昔から美徳とされる。先述した、加害意識をともなう視線恐怖(西洋には稀だという)を思い出してもいいだろう。

日本語では一・二人称の代名詞がしばしば省略されるが、その理由のひとつもそこにある。「わたし」も「あなた」も過剰なのである。過剰に直接的なのだ(「わたし」の使用は自己主張と、「あなた」の使用は不遜と受け取られかねない)。二人称代名詞に代えて「鈴木さん」や「先生」や「社長」を用いるのは、この過剰な対面を間接化するため、「迂回」するためである(「わたし」の代りにしばしば用いられる「自分」なども一人称とはいいがたい)。

田中教授「先生はいつ帰国されるのですか?」

ブラウン教授「先生とは私のことですか?」

田中教授「ええ、先生のことです」

ここで帰国するのはもちろんブラウン教授だが、「帰国される」の意味上の主語はむしろ田中教授である。発話相手の帰国するという行為を謹んで受ける発話主体である。主語は両者のあいだにあると言ってもいいかもしれない。「される」が「する」の受身であると同時に尊敬語でもあるという日本語の不思議の淵源はここにある。

一方、自分のことをファースト・ネームで呼ぶ女の子に腹立たしさを覚えるのは、これとは逆で、自分を引き受けない人間の「甘え」をそこに看取するからだ。大げさにいえば、私たちのなかの「西洋化」された部分がそれを許さないのである(女性蔑視も交じっているかもしれない)。

りな「先生、すいません。りな、宿題忘れました」

角田先生「自分のことりなって言うな」

りな「すいません。やっぱりだめですか?」

角田先生「先生はそういうの嫌いだ」

日本人の各々が確たる〈個〉として自立していないということは、日本人の「私」が十分に社会化された「私」ではないということと同じである（ここで小林秀雄が日本の私小説作家に欠けているものとして語った有名な「社会化された「私」」を思い出してもいいかもしれない）[*1]。木村敏は、先の対人恐怖症をめぐる議論のなかで、私的な「私」と公共的な「私」というタームでこの問題を考えている。木村によれば、西洋人においては、私的な「私」と公共的な「私」が、比較的安定した、相互補完的な関係にある。この両義性が個人の意識の面でそれほど大きな問題を引き起こさないのは、そこでの私的な「私」が「ほとんど完全に単数一人称的な個別者としての「私」」[*2]だからである。

これにたいして、日本人においては、「純粋に私的な「私」と公共的な「私」の相補性の構造が、欧米人に比して相対的に脆弱である」[*3]。そしてそれは、そもそも私的な「私」が複数一人称的だからである。この相補関係の脆弱さ、不安定さが、まさに〈私〉と〈公〉の中間に位置する「中途半端な顔見知り」との接触を機に、対人恐怖症として現れるのだと木村は言う。

日本人では、私的な「私」がすでに複数一人称的な身内意識によって根底から侵食され、この身内意識そのものが〔……〕複雑な入れ子構造のために絶えずゆれ動いているので、個の主体性に裏打ちされた単独者としての「私」の意識も、各自の「私」のあいだで取り結ばれる公共的な間主観性／間主体性も、十分に発展しなかった。「私」は自分自身を意識するたびに、つねに変動する私的内面と公共的外面との板挟みになって、両者の関係がもっとも不安定で相剋のもっとも激しい「中間的な顔見知り」という対人状況で、対人恐怖症という独特の神経症を生み出すことになった。[*1]

ちなみにこの「私的内面と公共的外面」を媒介するのが顔にほかならない。両者のあいだの齟齬が顔に表れるのだとも言える。それはともかく、日本人は「身内」や「仲間うち」といった言葉に示されるような「私的な複数一人称集団を形成しやすい」[*2]という指摘は示唆に富む。ただ、私的な「私」をあいまいな複数性のなかに埋没させるこの傾向には、先述したような自己を卑下する感情が込められているということも忘れてはならないだろう。日本人は自分ひとりのことを指すときにも「私ども」や「うちら」と言ったりするが、これなどは好例ではないかと思われる。

60 名誉の闘い

決闘はすぐれて対面的な闘いの形式である。日本では古くは「果し合い」といった。決闘は競技ではなく、生死を賭けた真剣勝負（「ガチ」の戦い）であるが、なりふりかまわぬ殺し合いではない。決闘はヨーロッパでは一九世紀（フランスやイタリアでは二〇世紀初頭）まで続いたが、それは社会的に認められていた（というより黙認されていた）慣習であったし、明確なプロトコルもあった。それはおもに貴族（とくに軍の将校たち）のあいだで執り行われていた、諍いに決着をつけるための一種の儀式、緊張を孕んだ儀式だったのである。

ヨーロッパでは、近代的な意味での決闘は中世末期に発するといわれる（イタリア起源だといわれる）[*1]。その前身は、中世の騎士たちの馬上槍試合（joust）や、もともと神明裁判（神判）の一形態としてあった「司法決闘（judicial duel）」であるらしい。後者は、告訴内容の真偽を判定するにあたって、他のいかなる手段も有効ではないと見なされたときに選択されたもので、原告と被告のあいだの「闘いによる裁き（trial by combat）」（「決闘裁判」）という形をとった。そこで勝利した者が神意を体現した者、すなわち正しい者であると判定されたのである。合法的決闘どころか、司法手段としての決闘である。これは国によっては一五―一六世紀まで行われたし、イギリスでは一八一九年まで法的制度として存続した。

これにたいして、近代の決闘は公権力の管轄外で行われた私的な闘いである。特権階級だけに容認された、超法規的な慣習だったといえる。決闘を禁ずる勅令や法律がなかったわけではないが、それらはほとんど実効性をもたなかった。この種の決闘は一七世紀前半（とくに一六一八―四八年の三〇年戦争の時代）に最盛期を迎えるが、封建的精神を色濃くとどめる決闘とは相容れなかったはずのフランス革命の後もしぶとく生きつづける（当のフランスでも、革命派と反革命派のあいだの「政治的決闘」を生むなど、決闘はむしろ活性化された）[*2]。時代の変化とともに、また国や地域によって、廃れては甦り、廃れては甦りの繰り返しだったようだ。V・G・キアナンが言うように、封建的要素にブルジョワ的（さらにはプロテスタント的）要素が複雑に絡み合いながら決闘は生き延びてきたということなのだろう。[*1] セルバンテス、シェイクスピア、コルネイユ、モリエールをはじめとして、ウォルター・スコット、コンラッド、プーシキン、チェーホフ、スタンダール、デュマ、エドモン・ロスタンなど、決闘を扱った作家は数え上げればきりがない。

近代の決闘は「名誉の決闘」とも呼ばれる。そこからも分かるように、その根底にあったのは「名誉（honour）」の観念である。決闘の作法もまさに「名誉《オナー》コード（code of honour）」と呼ばれた。決闘がさまざまな理由からおのれの名誉を傷つけられたと信じた者がそれを回復するためにとった報復の手段だったことはいうまでもないが、その手続きじたいも「名誉ある（honorable）」、「高潔な」ものでなければならなかったのである。そのためのいわばチェック機能を担ったのが「介添人（second）」である。ボクシングでいうセコンドだ。[*2]

介添人は決闘者それぞれが自分の腹心の友や同僚から選ぶのが通例だったが、「介添人の第一の義務は、決闘の時間、場所、武器、やり方を決めるなか、いかなる不正なアドヴァンテージも与えられることのないようにすることで、フェアプレイを保証すること、決闘者双方に平等なチャンスが与えられるようはかることだった。決闘者たちが使う剣は同じ長さのものでなければならなかったし、ピストルは火薬装填量が同じものでなければならなかった。また太陽がどちらの目にも入らないような場所の選定が求められた[*3]」。注目すべきは、個々の決闘行為の正当性のみならず、彼らが属する階級の品位や信用までが、部分的にせよ、こうした「名誉《オナー》コード」の遵守にかかっていると考えられたことである。「いかに闘うか」は「なぜ闘うか」に劣らず重要であり、それは階級の問題でもあったのである。

名誉の闘いは、当然、一対一の、正面切っての、対面の闘いでなければならなかった。決闘者たちは、ピストルで闘う場合も、互いの顔が見える距離（ふつう二〇から二五歩程度）に立つことが要求された。決闘は、対面の闘いであると同時に、対面性との闘いでもあったはずだ。対面性に目を眩まされることも、ひるむこともなく、それを冷静に制圧することが必要だったからだ。「勇気」はそこにこそ求められたはずである（これはあらゆる喧嘩の基本である）。生死にたいする無関心を思わせるほどの冷静沈着ぶり（imperturbability）は、貴族の優越性の証であるとされた。[*1] 剣はしだいに軽量化されるようになったが、一九世紀をつうじて（そして二〇世紀に入っても）剣による決闘がなくならなかったことは示唆的である。決闘本来の武器は剣だったのである。[*2] 決闘の「礼儀作法」は、今日でも、競技化し、スポーツ化した決闘ともいうべきフェンシングによって受け継がれている。ただ、その一方で、さしたる訓練の要らないピストルによる決闘（引き金を引くことは誰にでもできるので）こそが決闘の慣習をブルジョワジーにも広めると同時に、命中率の低さから、のちにふれる決闘の形骸化、「空洞化」を加速させたとも考えられる。[*3] ピストルの使用が普及しはじめるのは一八世紀末のイギリスだが、「スティール（鉄）」から「パウダー（火薬）」への漸次的移行は、闘いの脱身体化にとってはやはり大きな一歩だったようである。
それはともかく、決闘のしかたを問題にする以前に、そもそも、屈辱を受けながら決闘を申し出ない（「泣き寝入りする」）ことはもちろん、決闘の申し出を受けて立たない（「売られた喧嘩を買わない」）ことも、臆病者の、恥ずべき態度だとされた。コンラッドの『決闘』（一九〇八）はナポレオン戦争時代の実話にもとづく小説だが、同一人物（ナポレオン軍の二人の将校）のあいだで、じつに一九年ものあいだ、何度も執拗に繰り返されるそこでの決闘を思い出すべきである。[*1] 決闘の申し出は「断ることができない」のだ。それを受けて立つということは、勇気の証明であると同時に、自らを決闘するに値する者として、申出人と対等な人間として任ずるということでもあった。諍いを超えて、決闘をする特権が二人を結びつけていたともいえる。じっさい、敵同士が決闘後に無二の親友になるなどということもあったのである。

とはいえ、決闘は命がけの闘いである。決闘時間にはふつう制限が設けられていたし、一方が血を流した時点で（ピストルを使う場合は、決められた数（通常一～三発）の銃弾が放たれた時点で）介添人が闘いを止めさせることになっていたが、死の危険をともなっていたことに変わりはない。とりわけピストルによる決闘は、無傷で終わる可能性が高かった反面、偶然的要素も大きかった。まさに「運を天に任せる」ほかなかったのである。極端にいえば、ロシアン・ルーレットのような一種のギャンブル、あるいは命のかかった「胆試し」だったのだ。

決闘が当事者双方にとって公平な条件のもとで行われ（あるいは、少なくともそうした規範が重きをなし)、しかもその決着が少なからず偶然に委ねられていたということは、決闘の本質を考える上で重要である。名誉を傷つけられたと信じて決闘を申し出た側にとっては、これは割に合わない、はなはだ「コスト・パフォーマンス」の悪いビジネスだ。そこで命を落とすとなればなおさらである。決闘を根本において特徴づけていたのは、このアンバランスではなかったかと思われる。これは「天命」を視野におくことでかろうじて受け入れられるといった性質のものだったのではないか。後述するように、対面関係の、我-汝関係の地平にとどまっていては〈正義〉は現れない。〈正義〉が登場するためには第三者――世俗的な調停役としての介添人、さらには究極の裁き手としての〈神〉――の介入が必要なのである。この意味で、神明裁判の理念は生きつづけていたし、それが決闘が最後まで一種の「厳かさ」を失わなかった理由でもあると思われる。決闘にとっては「ギャラリー」(ジャーナリストや貴婦人たち)の目ではなく「神に見られている」ことが不可欠だったのである(もともと決闘は秘密裏に、人目を避けるためにしばしば明け方に行われるものだった)。このアンバランスはまた、公権力の側から見れば、一種の抑止機能をもっていたように思われる。これがなければ、決闘は際限のない私闘のアナーキーを招来しかねないと危惧されたのではないだろうか。

モーパッサンは、友人で、今でいうスポーツ・ジャーナリストだったヴォー男爵と称する人物の『ピストルの射手たち』(一八八三。一種の射撃手名鑑)に寄せた序文で、旧弊たる決闘の封建的性格に言及するとともに、安易に決闘に走る風潮の愚かさを厳しく断罪した上で、次のように述べている（第三共和政の最初の数十年は、決闘熱が何度目かの高まりを見せた時期だった。[*1]ちなみにこの時期には、筆禍や舌禍をきっかけとする、ジャーナリスト、作家、政治家を巻き込んだ決闘が少なくなかった）。

自分がひとりの男から激しく罵倒されたとき、自分の愛する人々が侮辱されたとき、あるいは単に男とのあいだに深い、抑えがたい憎しみの感情が存在するとき、二人の人生がことあるごとに対立し、邪魔をし合い、絶えず衝突するとき、そして法律が無力で、裁判が骨抜きにされており、〈権利〉が適用不可能であるとき、そんなときに決闘はどうにか理解できるものとなる。

しかし、決闘はいずれにしても正義と論理に逆らうものであり、運に盲目的に訴えるものであるから、それは少なくとも神の裁き、すなわち神慮とみて差し支えない偶然の裁きという性質を保持していなければならない。[*2]

モーパッサンも決闘条件の公平性を訴えているが、彼にとってそれは、老いや、肥満や、武器操作の拙さや、身体的障害などがハンディキャップになりにくいピストルによる決闘によってこそ実現されるものだった[*3]（この時代には上流階級の人々のあいだでフェンシング熱もまた復活したが、そうした風潮にたいする反発もあったように思われる）。ピストルは決闘を「デモクラシー化」するものとしてあったともいえるかもしれない。

一方、介添人たちはしばしば決闘をしないで済む方策を探ったようである。名誉毀損の原因とされた事件内容は、情痴沙汰、領地をめぐる諍い、身内への侮辱、愛国心や民族意識を傷つける発言、誹謗文書など、さまざまだったが、決闘の第一の目的は、あくまで傷つけられた名誉の回復、踏みにじられた体面の修復にあったので、決闘相手の殺傷にあったわけではない。「事実関係を調査し、もし敵対する双方の自尊心を満足させるような平和的解決があるようならそれを模索する」[*1]というのも介添人に認められた役割だったようだ。[*2]極端にいえば、面目（メンツ point of honour）が立てばそれでよかったのである。そして、名誉を傷つけられた者の面目は相手に「昂然と」決闘を申し出た時点で、また相手の面目はこの申し出を「果敢にも」受けて立った時点でほぼ立ったも同然なのである。一度「闘う」姿勢を見せればそれでよかったのだ。フランス語では、名誉回復を勝ちとることを「満足を得る（avoir satisfaction）」ないし「償いをさせる（obtenir réparation）」というが、ジャヌネーによれば、これらは、決闘にさいして用いる場合、相手に打ち勝ったときではなく、相手に決闘を受け入れさせたときに使ったのだという。[*3]ちなみに、フランス第三共和政下で首相をつとめたクレマンソーは、二二度も決闘をしたが、剣にもピストルにも熟達していたにもかかわらず、ほとんど流血に至らなかった。彼はわざと的を外して撃ったのだという。[*4]そういう「解決策」もあったのである。

61　決闘の終焉

それにしても、決闘はなぜかくも長きにわたって容認されたのか。以上のような説明で足りるとはあまり思えない。何か肝心なアーギュメントが抜け落ちていそうである。ここでもフランスの例がヒントになるように思われる。

旧体制下の法令等が原則的に無効とされた一九世紀フランスでは、決闘を禁止ないし規制する法案が再三議会に提出されたが、それらはことごとく否決される。[*1] 決闘相手を殺傷した者にたいする訴訟がなかったわけではないが、その場合も被告はほとんどつねに無罪とされた。教会側の反発にもかかわらず、決闘者を処罰すべきでないとする考えはそれほど強固だったのである。死を招いたある決闘事件について裁定を求められた破棄院が一八一九年四月八日に下した判決には次のようにある。

決闘においては、つねに先立つ慣習があり、〔決闘者双方に〕共通の意図があり、攻撃と防御の相互性および同時性がある。このような闘いは、双方に同じ勝機があり、不正も背信もなしに行われるとき、法が予測するいかなる犯罪にも当たらない。[*2]

公平性が保たれているかぎり、決闘は犯罪を構成しないというのだ。同様の司法言説はけっして稀ではなかったようである。人々が公平性にあれほどこだわったのは、「名誉」のためや、人道的配慮からだけではなく、それが決闘の非‐被処罰性（impunité）にとっての絶対条件でもあったからなのである。すでに一八世紀以前から根強くあった決闘の「野蛮さ」や「残虐性」にたいする非難がますます高まるなか、こうした要請がさらに強まったであろうことは想像に難くない。「決闘の司法化は決闘の内部で発展した」とジャヌネーは述べている[*1]。介添人の役割が重要となったのはそのためでもある（彼らの任務には、決闘後の調書作成まで含まれていた）。

裁判の案件としての決闘の特殊性も考慮に入れなければならない。決闘は、たとえ死傷者を出す場合であっても、あくまでそれに先立つ「名誉毀損」や「侮辱」の結果としてある。決闘だけを単独の事件として取り扱うことは理屈の上ではできない。もっというと、決闘はそれじたい「名誉毀損」の真偽をめぐる当事者間の一種の裁判なのである。そこで公平性が求められるのはいわば当然の成り行きだった。中世の決闘裁判との連続性はまさにそこにある。そもそも決闘のきっかけとなるような諍い――「体面を傷つけられた」、「侮辱された」といった訴えの真偽や正当性をめぐる諍い――は、裁判官という（世俗の）第三者が裁定を下すような通常の裁判形式にはなじまないと考えられたのではないか。それは「感情」の問題であり、またしばしば「言葉」の問題であって、そこでは確たる客観的証拠の呈示がむずかしいからだ（むろん姦通事件など、しばしば公にできない諍いが問題となるという事情もあった）。決闘が具現する当事者主義の淵源はそこにある。[*1] 当事者主義とは一種の対面主義にほかならない。そして、介添人を含めた当事者によるこの「闘いによる裁き」を前にして、司法権力は、とくに求められるのでないかぎり、介入する根拠をもたなかったのである。

決闘が長く存続したもうひとつの理由は、それが一定の社会的効用をもつと信じられたことにある。ひとつは、いま述べた司法制度の「補完」という側面である。法治国家としては未熟だった独立後まもないアメリカ（とくに西部の「無法地帯」）で決闘が独自の展開を見せたことは、そのひとつの証左と考えていいかもしれない。決闘にはまた社会の「ガス抜き」という側面もあったように思われる。私怨を晴らしたり、復讐欲を満足させるために直接的暴力に訴えることは、社会につねに底流する欲望である。決闘の慣習はそのひとつの「はけ口」だったといえる。ただしそれが（少なくとも「旧世界」では）万人に許されていたわけではないことも、また窮屈なプロトコルをともなうものであったことも、すでに見たとおりである。

最後に、決闘は人々にいわば「ふるまいの規範」を示すものだとも考えられた。これは先述した「名誉《オナー》コード」の遵守とその階級的含意にかかわる事柄だが、決闘支持派にとってこの慣習は、「名誉」の観念だけでなく（というよりその重視の当然の帰結として）、「礼儀正しさ（civility）」や「丁重さ（politeness）」を教えるものでもあった。これはとくにイギリス近世（バーナード・マンデヴィルなど）に顕著に見られる主張だが、近年の研究者は、当然ながら、そこにむしろ

「決闘のイデオロギー」を認める傾向にある。[*1]

決闘は、フランス、イタリア以外のヨーロッパ諸国（イギリス、スペイン、ドイツ、北欧、オランダ、ベルギー等）や、ロシア、アメリカなどでは、法適用の厳格化によって、一九世紀中ごろを境に姿を消してゆく。決闘の衰退はいうまでもなく貴族階級の決定的な凋落と軌を一にしている。フランス革命は決闘を駆逐するにはいたらなかったが、決闘は科学技術の発達や市場経済の拡大という大波までを乗り切ることはできなかった、そのようにも言えるかもしれない。決闘は「非理性的なものの噴出」[*2]であると、そこにロマン主義との親和性を見て、それを一九世紀の科学主義に対置する向きもある。

いずれにしても、一九世紀後半以降、決闘という「文化」は急速に時代の共感を失い、アナクロニックなものとなっていった。文学やジャーナリズムによる風刺や戯画化も手伝って、決闘者たちの大仰な気概も、その気取った風貌も、しゃちこばった形式主義も、多くの目にはもはや滑稽でしかないと映ったのである。今日から見れば、一九世紀まで生きながらえてきたことがむしろ不可解であるような、騎士道精神を宿した封建時代の遺物と見えても不思議ではないだろう。特権階級との結びつき、好戦的性格、きわだった男性中心主義、そのいずれをとってみても、現代の「政治的妥当性」に適うものはない。

しかし、決闘衰退の根底に、ブーバーのいう人間の「関係能力」の低下があるとしたらどうだろうか。「我」と「汝」のあいだのこの対面的闘いが、公平性のための強い縛りと、ダメージを最小限に抑えつつ「体面」を救うためのいわばプリミティヴな合意形成システムを内包していたことは、上に見たとおりである。決闘にこうした「知恵」が隠されていたことは認めなければならない。決闘の消滅とともに、この人間的な、人間臭い知恵が、「それ」の世界の圧倒的な支配に屈した——決闘の衰退をそのように説明することもできる。逆にいえば、決闘がかくも長く続いた根本の理由はそのあたりにあるのかもしれない。

62　決闘と戦争

決闘はとりわけフランス人のパッションだったようである。先述したように、フランスでは一九世紀後半にも決闘熱が衰えることはなかった。それでもこのパッションは、第一次大戦を境に突如として萎んでゆく。一九一八年以降、決闘は実質的に消滅するのである（ただし散発的には第二次大戦後も存続した。一九六七年、ガストン・ドゥフェールとルネ・リビエールという二人の国民議会議員のあいだで、議場での罵倒をきっかけに行われたものが、知られている最後の決闘である）[*1]。

なぜ第一次大戦は決闘に終止符を打ったのか。しばしば発せられるこの問いには、ひとまず次のように答えることができるだろう。民間人を含めると二五〇〇万人（フランスだけでも一九〇万人）といわれる未曾有の規模の犠牲者を出したこの最初の世界戦争が、「ちっぽけな」私的怨恨にもとづく流血を、無意味な、取るに足らないものにした[*1]ということは大いにありうることである。長引いた戦争で心身ともに疲弊しきった人々にとって、平時にまで、しかもしかつめらしいプロトコルに則って、私闘に命を懸けることなど、もってのほかだったろうことも想像に難くない。しかし、視点を変えて、こう問うてみたらどうだろうか。すなわち、第一次大戦とともに、戦争じたいが決闘的でなくなったのではないか。大戦とともに終わったのは、決闘だけでなく、決闘としての戦争でもあったのではないかと。

決闘が個人と個人のあいだの「ミニ戦争」であったように、戦争はかつて国や地域や民族のあいだの「集団的決闘」であった。メタファーとしてだけでなく、実質的にもいくつかの点でそれはいえる。決闘主体がしばしば軍人や政治家だったことを思い出そう。個人と個人のバトルといっても、決闘者たちが「背負っている」のはときとして、「一族郎党」を超えて、おのれの郷土や出身国や民族であったりするのである。それらにたいする愛情や守護意識やプライドを傷つけられたと信じて決闘を挑んだのだ。「愛国的決闘[*2]」と呼べるようなものもあったのである。

モーパッサンの「ある決闘」（一八八三）は、この種の決闘を描いた短編である。舞台は普仏戦争（一八七〇—七一）直後の、プロイセン軍駐留下のフランス。主人公デュビュイは、戦時にはパリ衛兵隊にも所属していた富裕な商人である。この時期、二〇万ともいわれるパリ市民の地方への大移住があったことが知られているが、デュビュイは、先にスイスに避難させていた妻子に合流するべく汽車に乗る。車窓から目に入ってくるのは、プロイセン兵士がわがもの顔に闊歩する祖国の町や村の変わり果てた光景である。デュビュイは苛立ちと怖れを禁じえない。同じ車室に乗り合わせたのは、物見遊山と思しい二人のイギリス人であるが、間もなくそこに、巨漢のプロイセン軍将校がサーベルを揺らしながら乗り込んでくる。

顔中髭だらけのこの将校は、座席に反っくり返り、ひどいドイツ訛りのフランス語で、フランス人を何人殺しただの、何人捕虜にしただのと、求められもしないのに饒舌に戦果を誇る。果ては「二〇年後にはヨーロッパはぜんぶ俺たちのものだ。プロイセンがいちばん強い」などとうそぶいて高笑いする始末である。さらに、隅で小さくなっていたデュビュイをつかまえて、パイプに詰める煙草が切れたから次の停車駅で買ってこいと言う。デュビュイは辛くも隣の車室に逃げ込むが、まもなくプロイセン将校に見つかり、今度は口髭をむしられそうになる（髭をパイプに詰めて喫ってやるというのだ）。興味本位で付いてきたイギリス人たちは高見の見物を決め込んでいる。ところが、ここでデュビュイの怒りが爆発する。彼は猛然と反撃に転じるのである。将校を組み敷いて、狂ったように何度も顔面を殴打するのだ。これに辟易した将校は、ピストルでなら負けないとばかり、決闘を申し出る。デュビュイもこれに応じる。

決闘の場所は、途中の停車駅であるストラスブールの城塞地帯。立会人は、将校側が彼の同輩の二人の将校、デュビュイ側がくだんの二人のイギリス人である。停車時間内に終えなければならない慌ただしい決闘だが、果たして、ピストルを一度も持ったことがないデュビュイがやみくもに放った一発が見事命中し、将校はあえなく瞬殺される。小説は、今にも動き出そうとしている汽車に必死で駆け戻ったデュビュイと二人のイギリス人が車室で勝利を喜び合うシーンで幕を閉じる。小説じたいも多分に愛国主義的（というより反ドイツ的）である。これは、普仏戦争でフランス敗北を決定づけたスダンの戦いの個人レベルでの（またフィクションであるからシンボリックな）復讐にほかならない。ただモーパッサンの筆致はシニカルでもある。ここには決闘そのもののカリカチュアがある。

普仏戦争の余波のなかで起こったドレフュス事件（一八九四―）をめぐっても、幾多の決闘が行われた。これは愛国心と民族意識（あるいは人種意識）が綯い交ぜになった決闘である。事件の前（一八九〇年代初め）から、軍隊内での反ユダヤ主義の高まりを背景に、ユダヤ人将校を巻き込んだ決闘が数多くなされたようである（その数三〇〇ともいわれる）[*1]。フランスの世論を二分したドレフュス事件の渦中において、軍人、ジャーナリスト、政治家、作家らが身を投じた決闘の数はさらに多かったろうと推測される。『失われた時を求めて』の語り手も、「最近ドレフュス事件のせいで何度か決闘をした」[*2]と述べている。作者プルーストは親ドレフュス派だったが、じつは彼自身が行った決闘としては、処女作『楽しみと日々』の批評で彼の同性愛を遠回しに揶揄したジャン・ロランとの一八九七年の決闘（ドレフュス事件とは無関係の）しか知られていない。それだけに、虚構のなかで決闘をドレフュス事件に結びつけたことはかえって示唆的だと思われる。

一方、戦争じたいもかつては決闘的だった。たとえば、決闘は正式には“cartel”と呼ばれる書状を相手に送ることから始まる。相手が犯した咎（名誉毀損等）に関して、申し開きや謝罪をするか、さもなくば決闘に応ぜよという旨を記した挑戦状である（日本でいえば「果し状」だ）。ここでは詳説はできないが、cartelは中世では王侯や領主のあいだの「宣戦布告」でもあったようである。そしてこれが近代の戦争における「宣戦布告」や「最後通牒」の原型なのではないかと推測される。「宣戦布告」にはいうまでもなく互いの陣営が相手にたいして「名を名乗り」、身分を明らかにするという行為が含まれる。そしてそこには、相手を対等者として認め、フェアな戦いをする（奇襲や、背後からの攻撃を潔しとしない）という一種のモラルが含意されている。こうした「戦いの作法」に関して、決闘と戦争のあいだにいわば相互参照があったことはまちがいないように思われる。戦争における闘いの場が「名誉の戦場（champ d'honneur）」と呼ばれたことなどもそのひとつの表われだろう。

戦争が決闘的でなくなるのは、「戦いの作法」の風化だけでなく、兵器の機械化、脱身体化とそれにともなう兵法の変化にもよる（両者はむろん無関係ではない）。普仏戦争ではいまだ歩兵戦や騎馬戦が主流だったようである。普仏戦争に取材した絵画にはしばしば、馬上でサーベルを掲げて戦い合う兵士たちの群れが描かれている。ただその一方で、歩兵が携行する小銃や、砲兵が引く大砲（野砲）の軽量化や性能向上がはかられたことも事実である。この戦争では、プロイセン軍による砲兵の活用が決め手となったともいわれる。戦争の近代化は着実に進んでいたのである。

63　空の騎士

第一次大戦は、山室信一がいうように、「見えない敵との戦い[*1]」だった。銃砲の射程距離の飛躍的伸長と精度の向上によって地上戦は塹壕戦となり、戦車が登場し、飛行船や航空機の軍用化によってはじめて空中戦や空爆が行われるようになった。アントワーヌ・コンパニョンはこれを「死がやみくもに襲ってくる戦争、死が空から降ってくる戦争、殺す者と殺される者が顔を合わせることがない戦争[*2]」と表現している。敵の顔を見ようにも、敵は遠すぎるのである。あるいは視界に入りすらしないのだ。藤原辰史は高性能の機関銃の登場に注目し、「〔イギリス軍兵士〕は何百人という数で倒れていった。狙う必要はなかった。ただ彼らに向かって弾丸を撃ち込むだけでよかった」というドイツ軍の機関銃手の言葉を引用している。機関銃はいわば人を「束ねて」殺すことができるのである。藤原は、「機関銃は、一対一の戦いに美を見いだす騎士道精神の残滓をほとんど消し去った（戦闘機による空中戦にはまだそのような精神が残ってはいたが[*3]）」と述べている。「騎士道精神」を「決闘精神」と言い換えてもいいだろう。

これが近代戦の始まりである。その行き着く先をすでに知っているわれわれから見れば、第一次大戦はいまだ古風な戦争に見える。たしかに大戦じたいを最後の決闘的戦争と見なすこともできないわけではない。第一次大戦のバトルフィールドもやはり「名誉の戦場」と呼ばれた。今日この言葉が使われるとき、人々がまず想起するのはおそらくこの戦争である。[*1] シャルル・ペギーは陸軍中尉として従軍中に銃弾に斃れた文学者だが、モーリス・バレスがこの後輩作家に捧げた追悼文（一九一四）は「名誉の戦場で死んだシャルル・ペギー」と題されている。反ドレフュス派の元領袖で、アカデミー・フランセーズ会員でもあったバレスのこの陳腐な一文には、「フランス思想の英雄」、「古きフランスの説教師」、「フランスという地の息子」、「ジャンヌ・ダルクこそが彼の手本だった」などと、大仰な愛国主義的言辞が並んでいる。[*2] そこには普仏戦争以来、辛酸を舐めさせられてきたドイツへのリベンジ精神も透けて見える（バレスはロレーヌ地方の出身だった）。

戦闘機のパイロットは「空の騎士（chevalier du ciel あるいは chevalier de l'air）」と呼ばれた。藤原がいうように、空中戦にだけは騎士道精神が残っていたということなのかもしれない。そこで連戦連勝を果たしたジョルジュ・ギンメール、ルネ・フォンクといった勇士たちは時代の寵児となった。この空中戦がどのようなものであったかは、ジョゼフ・ケッセルの小説『エキパージュ』（一九二三）に卓抜なリアリズムをもって描かれている。ただし、そこに繰り広げられているのは、「空の騎士」という晴れやかな呼称とは裏腹の、「英雄的」ながら絶望的に暗い、血にまみれたタブローである。中世騎士たちの馬上槍試合を想起させるこの呼称は、むしろ飛行兵たちを鼓舞するための空しいスローガンだったのかもしれない。[*1]

たしかに「名誉の戦場」も「空の騎士」も、大戦での大殺戮（hécatombe）を知っているわれわれには空しく響く。コンパニョンは、「近代の戦争は殺す戦争ではなく、殺される戦争である」と述べ、「人が死ぬのを見ることの方が、殺すのを見ることよりはるかに多かった」というジャン・ノルトン・クリュの『証言者たち』（一九二九）に見える言葉を引いている。[*2]大戦で死んだ膨大な数の兵士の多くが砲弾に斃れたが、「誰かを撃った」、「誰かを殺した」と確信した者はほとんどいなかったのである。『証言者たち』は大戦について書かれた幾多のテクスト（小説を含む）の内容の真実性を分析・批判したものである。ノルトン・クリュによると、大戦では白兵戦はなかったのだという。「誓って言うが、私は誰かが銃剣を使うのを一度も見たことはないし、血のついた銃剣を見たことも一度もない。そんなものを見たという兵隊の話を聞いたこともなければ、銃剣による傷を確認したという医者の話も知らない。銃剣は突撃のときに銃身に取り付けるものと決まっていただけである。」刀剣による派手な殺し合いを描いた作品もないわけではないが、ノルトン・クリュによればそれは演出であり嘘である。[*3]大戦は圧倒的に砲弾による「無名の」闘いだったのである。

インダストリアルな戦争は、死をも大量生産したのだった。塹壕戦の思い出を語るドリユー・ラ・ロシェルの『シャルルロワの喜劇』（一九三二）の主人公に倣って、こう言うべきなのかもしれない。どちらがどちらに勝ったということではない、人々はこの戦争そのものに負けたのだと。よく制御できもしない〈機械〉を使い、それにしっぺ返しを食らったのがこの戦争だったのだと。

われわれの面前には何もなかった。誰もいなかった。われわれの面前には立ち上がる者は誰もいなかった。

〔……〕

われわれ〔フランス軍兵士とドイツ軍兵士〕が出会うことはなかった。まったく出会わない。というか、あまり出会わない。とにかくこの戦争では出会わなかった。

〔……〕

人々が出会うことはなかった。衝突することも、絡み合うことも、抱きしめ合うこともなかった。

人々は人間ではなかった。人間たろうとしなかった。非人間的であることに甘んじた。この戦争を乗り越え、永遠の戦争に、人間的な戦争にたどり着こうとはしなかった。革命みたいに失敗したのだ。

人々はこの戦争に負けた。人々を負かしたこの戦争は良くない戦争だ。この近代的な戦争。この筋肉ではなく鉄の戦争。芸術ではなく科学の戦争。工業と商業の戦争。〔……〕

ここには何かしら悪いものがある。人々はこの戦争に打ち勝つすべを知らなかったからだ。

人間は機械を制御することを学ばないといけない。この戦争では機械が人間を超えた。機械はいまや平時でも人間を超える。[*1]

戦う者どうしを隔てる〈距離〉の問題は重要である。物理的距離だけではない。心理的距離もある。藤原辰史は第一次大戦前後から使われはじめた火砲、機関銃、毒ガス、空爆などによる暴力を「遠隔的暴力」と呼び、それは「敵を殺害した実感から免れることができる暴力」だと述べている。そしてその行き着く先にホロコーストを、原爆を見ている。湾岸戦争は、戦争そのものの情報化、劇場化という点でさらに別のステージへとわれわれを導いたといえるだろう。「遠隔的暴力」は対面なき暴力にほかならない。対面的磁場のないところでなら人は大量殺戮を行うことができるのである。それにしてもわれわれは、「二〇歩」、「三〇歩」と、戦う者どうしの距離を歩幅で決めていた決闘の時代からなんと遠くにまで来てしまったことだろう。

決闘としての戦争の終焉を悔やむわけではもちろんない。戦争は戦争である。殺し合いは殺し合いだ。しかも目に見える、肌で感じる残虐性はむしろ決闘的戦争の方にある。しかし、決闘的戦争の終焉とともに、対面的な、身体と身体のじかの闘いが否応なく課すところの〈抑制〉と〈作法〉の絆が断たれたことはまちがいないだろう。人間の「身の丈に合った」戦争の形式といった言い方が許されるなら、それは決闘的なものの終焉とともに姿を消すのである。

64　ワルキューレ

戦争を感じる瞬間というものがある。人間を超えた力を感じる瞬間というものがある。両者が交差するとき、人間は真の恐怖に襲われる。

『シャルルロワの喜劇』の主人公が語るのは、一九一四年八月二四日のベルギー、シャルルロワでの戦いである。開戦後まもない、戦況の行方はまだまったく見えないなかでの西部戦線の戦いだ。このフランス人の主人公は大戦後の一九一九年、そこで息子を失ったある婦人の弔いの旅に随行してシャルルロワを再訪するのだが、「思い出」の地を歩きながら、いまだ生々しい戦いの爪痕を目のあたりにし、彼の語りのなかで「思い出」は突如「現在」に変わる。塹壕戦の膠着状態のなか、いまだ戦争を体感していなかった二一歳の兵士は、砲撃戦が始まり、ドイツ軍の攻勢がにわかに激しさを増し、予想外の威力をもって襲いかかってきたとき、そこに〈戦争〉の到来を見るのである。ここでは高揚感と恐怖が隣り合わせである。

しかしヒューという、もっと変わった、強烈な、風を切る音が、俺たちの頭上を滑走していった。そしてドカン、背後でものすごい爆発音がした。全身を揺さぶる爆発だった。ああ、ついにやって来た。これが戦争だ。人間どもじゃない。神だ。神自身だ。〈冷酷なるもの le Dur〉、〈粗暴なるもの le Brutal〉のお出ましだ。またヒューと来た。今度ばかりは……。いや、違った。しかし……。しかし少しずつ脅威は近づいてきていた。的を狭めてきていた。どっかり腰を据えてきていた。もう脅威なんかじゃなく、危険そのものだ。巨大な、どこにも収まりきらない、目いっぱいの、全知の、全能の危険だ。それに複雑になってきた。着発弾のヒューという長引く音。榴散弾《シュラプネル》の炸裂音。多様だった。悩ましい、残忍な、倒錯的な多様性だ。空が埋まってきていた。空は地獄だった。[*1]

「見えない敵との戦い」は音による恐怖との闘いでもあった。『シャルルロワの喜劇』の語り手も再三そう言っている。[*2] 唐突だが、ここで私たちはフランシス・フォード・コッポラの『地獄の黙示録』(一九七九)のあの映画史上まれに見る美しい——美しくも残忍な——空爆シーンを思い出してもいいかもしれない。そこで轟くのは、なんとワーグナーの楽劇である。舞台はベトナム戦争。キルゴア中佐率いる米軍第一空挺部隊は、十数機のUH-1型攻撃ヘリコプターに乗り込み、「ワルキューレの騎行」(楽劇『ワルキューレ』第三幕の序奏)を大音響で鳴らしながら、ベトコンの拠点の村を機銃掃射する。むろんフィクションだが、戦争の恐怖の本質を衝いた、見事な演出というほかない。ワーグナーを流すのは、「空の騎士」たちの戦意高揚のためだけではない。それは何より、有無を言わさぬ、圧倒的な「神の怒り」で標的のベトコンを追い立て、追い込むためだ。攻撃直前、中佐は言う。「朝日を背に突っ込んで、音楽をスタートさせる」「ワーグナーを流すんだ。奴らは震え上がる。面白いぞ」「これは神経戦だ。音を上げろ」

ワーグナーは、人間の集団的恐怖につながる音の回路を、音の回廊を知っていたかのようである。地上で散り散りになって逃げ惑う村民たちを見よ。彼らを怯えさせるのは、空の彼方からやって来て、地の底を揺るがす雷鳴の轟きだ。いや、どこから来るとも知れない、あらゆるところから湧き上がるかのような死神の叫びである。おお、なんとおそろしい、これが恐怖の深淵だ。おお、なんとおそろしい、これこそが神との対面だ。

65　天罰のように

唐突ついでに、ヤン・アペリの小説『ファラゴ』（二〇〇三）に出てくる興味ぶかい一節を引いておく。一九七〇年代初頭のアメリカ北西部の田舎町を舞台とするこの小説でマクマーモン中尉と呼ばれている人物——朝鮮戦争を経験したヴェテラン——が発する言葉である。語り手は主人公のホーマー・アイドルワイルド。私はこれに唸った。

中尉によれば、戦時においては、敵が火山の噴火か大洪水にでも遭ったかのようにお手上げ状態になるのを狙って、雷が打つように敵を打たなければならない。「爆弾が天罰のように落ちないといけない」というのが中尉の口ぐせだった。〔……〕

「敵が相手は自分たちと同じような人間じゃないと思うように仕向けないといけない。たとえこちらが武器や人数の面でまさっていても、それだけじゃ十分じゃないんだ。それだけじゃ戦《いくさ》には勝てない。勝利するのは、敵が相手は人間ではなく宿命だと思ったときなんだよ[*1]」

66　顔を見せろ、名を名乗れ

近年のインターネットでの根拠を示さない批判、言いっぱなしの誹謗中傷、フラストレーションを発散するためとしか思われない口汚いののしりは目を被わんばかりである（まことしやかな「根拠」を振りかざすものはもっとたちが悪い）。この掃き溜めのような言葉の群れはまちがいなく人心を荒廃させている。私の念頭にあるのは、とくにネット上の書き込み（2チャンネルなどの掲示板、本のレヴュー、ブログ、YouTube、ツイッター等）だが、それだけではない。週刊誌や一部新聞の「スクープ」や「暴露記事」も同じである。どれも短い、閉じた、「有無を言わせない」タイプのものである。熟考を経たあとは微塵も見られないし、真のディベートに誘うものでもない。「ひとりごと」と「つぶやき」のオンパレードだ。そしてそれらのほとんどが匿名

（あるいはそれとほぼ等価の筆名、ハンドルネーム等）である。

匿名性とは言論の場における対面の回避にほかならない。そこにフェアな打ち合いがないのは、それを要請する対面の契機が欠落しているからだ。そこには〈抑制〉も〈作法〉もない。スポーツマンシップがないと言っても同じである。匿名をいいことに、匿名性を盾として、その陰に隠れて、背後から刺すようなまねを平気でするのである。

問題が複雑なのは、匿名性の利点もまた少なくないからだ。それは通常、「プライバシー保護」、「表現の自由」「報道の自由」といったタームで語られる。これについてはネット上での議論も喧《かまびす》しい。いちいちレファランスは示さないが、実名では自由にものが言えない、いつ「仕返し」されるかわからない、匿名性があるからこそさまざまな悪事が暴かれてきたではないか、自分は特別な主張や誇れる思想をもっているわけではない、書き込みは言葉のスナップショットである、一部の心ない発言に拘泥せず全体の「善意」を信ぜよ、寛い心で見守るべきだ、見たくなければ見なければいい、等々。反論はいくらもあるが、無視できない点もある。実名（あるいは社会的に認知された筆名）には性別、年齢、身分、職業、経歴など、要するにその名を自称する者の社会的地位や立場がつきまとう。匿名発言が許されるネット空間は「社会的立場に関係なく、誰もが平等に発言できる」空間であり、読む側も「先入観にとらわれず、純粋に発言内容を評価することができる」と言われれば、なるほどそうかとも思う。

先入観にとらわれず、発言の内容（と形式）だけで評価する——考えてみれば、これは多くの文学研究者が長いあいだ理想としてきたテクスト受容のあり方ではないだろうか。バイオグラフィー（伝記的事実）にとらわれることなく、テクストをあたかも無名のテクストであるかのように読む――これはおもに文学作品、とくにフィクションを念頭に言われてきたことだが（「語り手は作者ではない」云々）、ある程度はテクスト一般に敷衍できる原則である。それに、文学研究にかぎらず、「虚心坦懐」にテクストそのものと向き合うことは、読書の基本とされてきたはずだ。そうした「理想的」なテクスト受容の条件がいま現実のものとなろうとしているとき、なにを尻込みすることがあるのか。オーサー（著者）のオーソリティー（権威）から脱することは、バルトの「作者の死」（一九六八）以来、誰もが夢みてきたことではないか。インターネットは、一部の「選良」の専有物であった言論をついに万人のものにした画期的なツールではないのか……。

このプロセスはじつは、一面においては、テクストが身体性を失い、理念化し、複製可能なものとなった時点から始まったものである。手書きの文字が印刷文字に取って代わられた時点からと言ってもいい。テクストの電子化、データ化は、その最終段階（現時点での）にすぎない。これを、ジャック・ランシエールに倣って、演劇をモデルとする「語りかける言葉」から、小説に代表される「黙読される言葉」、「もの言わぬ言葉」[*1]への移行に重ねてみてもいいだろう。「美文学」から「文学」へ、パロールからエクリチュールへ、〈表象〉のレジームから〈言語〉のレジームへの移行と言ってもいい（これらの言い方には矛盾もあるが、ここは細部にはこだわるまい)。重要なのは、ここで問題となっているのが「デモクラシー」にほかならないという認識である。このデモクラシーは、登場人物を「平民」化し、題材を「卑近」にし、語り口を「透明」にした。この平準化、平等化が、文学を受容する側の変化とセットであったことはいうまでもない。要するに、誰もが、何についても、どのようにでも書いていい時代、そこに誰が、何を、どのように読もうと自由であるような時代は、このように準備されてきたのである(これがいまや真の意味で、またいたるところで実現されたというつもりはもちろんない)。

議論がいささか暴走してしまった(しかも困ったことに当初の私の思いとは逆方向に走ってしまった)。匿名性の問題にもどろう。「顔を見せろ、名を名乗れ」――この主張がインターネットの活用とかならずしも矛盾するとは思わないが(たとえばフェイスブックのようなSNSは基本的に実名である)、こうした主張が秘めているある種の反動性(決闘精神と一脈通ずるような反動性)は疑えないようである。そしてこの反動性の根はおそらく深い。なぜなら、深層には、人格的主体というものへの積年の思い入れ――人格神話の重み――が横たわっているように思われるからである。

67　非人称の哲学

時代はどうも非人格的なものに向かっているようである。ロベルト・エスポジトによれば、世には「二人称の哲学者」の系譜（ブーバー、ジャンケレヴィッチ、レヴィナス）と「三人称（非人称）の哲学者」の系譜（シモーヌ・ヴェイユ、モーリス・ブランショ、フーコー、ドゥルーズ）があるのだという。[*1] エスポジト自身は後者に連なる思想家を自任している。

「二人称の哲学」が依拠しているのは、古くて新しい〈人格〉（伊 persona、英 person）の概念である（先述したように、この語は同時に文法でいう「人称」をも意味する）。〈人格〉こそは、「理性をもった意志の担い手」[*2] としての人間を指すものとして、ヒューマンをノンヒューマンから分かつカテゴリーであると同時に、「人権」などという場合の権利の主体としての人間を指すものとして、哲学、神学、司法、生命倫理といったさまざまな領域で、今日にいたるまで「議論の余地のない前提」[*3] とされてきたカテゴリーである（そういえば、ベンサムが法的主体を指すのにもっとも頻繁に用いた言葉が"person"であるし、ブーバーも我－汝の関係をいとなむ主体を"Person"と呼んでいた）。

〈人格〉の歴史は、人間を対象とした、じつに入り組んだ分離（選別）と排除の歴史である。

〈人格＝ペルソナ〉の名のもとに権利主体としての人間を自然的・生物的存在としてのヒトと分離しようとする動きはローマ法の昔からあったのだという。エスポジトは、古代ローマからナチズムにいたる「人格と権利の結託」[*1]の歴史を振りかえる一方、一七八九年の人権宣言に始まり、一九四八年の世界人権宣言にいたる一連のプロセス、「人間と市民という二つの極の隙間を埋めようと」[*2]するプロセスをたどる（ハンナ・アレントが問題にしたような一部の集団からの市民権の剝奪を補償するものとして〈人格〉のカテゴリーはあったのではないか、云々）。そして、グローバル化のなか、〈人格〉が全人類に賦与されるかに見える今日、こうした人権の思想はじつは失墜したのだと説く。「飢餓、戦争、疫病による死者の数の増大は、人権と呼ばれてきたものがいかに有効性を欠くかを歴然と示している。〔……〕今日、生の権利ほど保証されていないものはない」と。そして、この事態は「人格というイデオロギーを肯定しているにもかかわらず起こったのではなく、逆に、それを肯定しているがゆえに」、「まだ本当にそこから脱し切れていないから」[*3]起こったのだと言うのである。

エスポジトが目指すのは、こうした「人格主義」の脱構築である。その契機を「非人称」に求めようというのだ。かくして、彼はこれに呼応する概念装置をさまざまな思想家のうちに見出そうとする。すなわち「非人格性＝匿名性」（ヴェイユ）、「中性的なもの」（ブランショ）、「外」（フーコー）、「出来事」（ドゥルーズ）などがそれだ。それが彼のいう「三人称の哲学」に賭けられているものにほかならない。

68 二か三か――〈愛〉か〈正義〉か

エスポジトの議論はかなり錯綜しており（その一端は〈人格〉問題そのものの複雑さから来るものだろうが）、しかも飛躍が少なくないため、その詳細に立ち入ることは私の手に余る。以下では、私に理解できる範囲で、彼の非人称主義の前提となっていると思われる議論をいくつか紹介しておきたい。

ひとつは、文法でいう一・二人称と三人称の根本的な異質性（非対称性）とその思想的含意をめぐる議論である。一人称と二人称、「私」と「あなた」はセットであると言語学の観点から説いたのはエミール・バンヴェニストである。[*1] バンヴェニストによれば、一方に、相互規定的で、〈いま・ここ〉の発話状況と不可分の一・二人称があり、他方に、それとは意味機制のまったく異なる、発話状況とは切れた三人称があって、両者はひとしく「人称」と呼ばれながら同一平面上で扱うことはできない。そこから「ディスクール」（一・二人称が優勢な日常的言説）と「イストワール」（三人称と特殊な過去時制によって特徴づけられる歴史叙述や小説の言説）という有名な二分法が提案されるわけだが、エスポジトは、バンヴェニストのこの議論に依拠しつつ、とくに次の点を力説する。すなわち、二人称「あなた」は他者ではない（「「あなた」という」他者は、いまだに私との関係のなかでのみ理解しうるものである。つまり私の裏面ないし影でしかありえない」）ということ、[*1]一・二人称にはじつは複数はない（「「私たち」は同一の対象物の倍数ではなく、「私」と「非-私」との接合」にすぎない）ということ、二人称のみが（「私-あなた」のように双数的でないという意味で）単数的であると同時に、まさにそれゆえに真に複数的でもあるということ、そしてそれはとりもなおさず三人称が非-人称であるからだということである。[*2]要するに、人格主義は他者も真の複数性も許容しないと言うのである。

　もうひとつは、ヴラディミール・ジャンケレヴィッチのいう〈正義〉の三人称性（第三者性）をめぐる議論である。ジャンケレヴィッチといえば、死を人称と関係づけて論じたことが知られているが、「三人称の死」というときと同様、ここでも三人称は「彼」ないし「彼女」ではなく任意の「誰か」を指している。つまりジャンケレヴィッチによれば〈正義〉は匿名的、非人称的である。これは彼にとってはもちろんポジティヴな価値ではない。彼はこれに一・二人称の領域である、対話的状況に根ざした〈愛〉を対置し、後者の優位を説いている。

　エスポジトはさらに、アレクサンドル・コジェーヴに拠って、法的現象の三人称性を説く。コジェーヴは、法的現象の本質を、「一人称・二人称という二項の弁証法のあいだに差しはさまれた三人称という存在」のなかに突き止めた。「二人の人間存在の相互作用のなかに、公平無私な第三者が介入してきて、その結果、一人目の行為にたいする二人目のリアクションを無効にするような場合にきまって、法［droit］が生じるというわけである。[*3]」『法の現象学』の次のような一節も引用されている。

法は本質的に社会的現象である。「三人は団体をつくる」［Tres faciunt collegium］とローマの諺にある。これは根本的に正しい。二人の人間存在は、たった一人の存在とまったく同様、社会（または国家、さらに家族）ではない。社会があるためには、二人の存在のあいだの相互作用があるだけでは十分ではない。それに加えて第三者の「介入」がなければならない——そしてそれで十分である。[*1]

たしかにカップルは、子供という第三項がそこに加わったときはじめて「家族」となる。対面関係がそれだけでは「社会」をつくらないのもたしかである。それはともかく、三項関係を本質とする法的現象は、この点で美的実践や経済的交換はもとより、道徳、宗教、政治といった隣接領域とも異質である（「道徳的な個人は、自分自身としか関係をもたない」し、宗教的人間は、神と向き合う二項関係のうちにある。また「政治的経験は、その本質において友と敵との対立的な関係によってのみ特徴づけられている」云々[*2]）。

エスポジトの議論のひとつの結節点は、「二人称の哲学」が説く〈愛〉と、ここで本質的に三人称的であるとされる〈正義〉とのあいだの連続と不連続の問題だと思われる。エスポジトは、この問題にじつは自覚的だったというレヴィナスについてコメントしながら、次のように述べている。

要するに問題は、正義と愛とのあいだにある、隣接にして対立の関係にあるのだ。たしかに愛を、正義の起源となる泉とみなすことはできるが、そのなかに正義を解消してしまうことはできない。むしろ正義は、それ自体の内に愛と本質的に矛盾するもの――まさしく双数的な世界を終わらせるもの――を有している。なぜならその理由は、正義のみが答えることができるような善の一般的な要求を聞き入れるのに、愛では純粋すぎるからという点にではなく、逆に、十分に純粋ではないという点にあるからである。*1

これを私なりにパラフレーズしてみる。たしかに〈愛〉は、〈愛〉だけでは、しばしば無力である。たとえばホロコーストのような現実を前にして、〈愛〉に何ができるというのだろうか。戦争という巨大な「機械」を前にして、「ラヴ・アンド・ピース」を叫ぶことがどれほどの力をもちうるというのか。〈愛〉はまた欠如を糧とし、裏切りを常とする。〈愛〉は本質的に不安定であり倒錯的である。エスポジトのいう〈愛〉の「不純さ」はおそらくそこにある。

こうした考えは、先に見たような〈同〉と〈他〉、〈全体性〉と〈無限〉をめぐるレヴィナスのヴィジョンとは真っ向から対立するものである。レヴィナスにとって、弁証法の第三項こそは他者を〈同〉化しようとする、暴力的な「総合」の担い手であり、それにたいして顔における

〈他〉の現前こそは〈同〉と〈他〉の複数性を担保するものにほかならないからである。レヴィナスの話は措くとしても、そもそも〈愛〉は第三者にたいしてそこまで閉じているだろうか。恋愛の背後につねに何らかの「三角関係」があるように、その「三角関係」が恋愛を目覚めさせ、焚きつけるように、赤面や羞恥が公共性の介在を抜きにしては説明できないすぐれて社会的な現象であるように、決闘には「証人（介添人）」が不可欠であるように（ちなみに決闘においては「証人」が〈愛〉を〈正義〉へとつなぐ）、第三者は〈愛〉の成立そのものに関与していないだろうか。ブーバーがそれぞれの世界の重要性を繰りかえし強調していたことを思い出すべきである。ブーバーにとってはたしかに我－汝の関係は我－それの関係に先立つものだったが、それは、世俗的世界観に置き直してみるなら、それほど自明なことではないと私は思う。

　それだけではない。私は先に〈見つめ合い〉が、社会的自我の領域である一方で、いわば自我や人格を無化し、「生命とのつながり」へと、動物的生との交わりへと導く回路でもあると述べたが、このゾーエー的ディメンションこそは〈正義〉に決定的に欠けているものではないだろうか。それに匿名性をいうなら、〈見つめ合い〉のなかで、その果てに、名前は消えるのである。しかも動物的生こそは、匿名どころか、徹底的に無名ではないだろうか。

69　自閉症

自閉症の子供が人の目を見ようとしないことはよく知られている。彼らは、こちらがかなり接近して顔をのぞき込むようにしても、こちらに顔を向けない。それどころか、ティンバーゲンの本の写真にあるように、からだを斜《はす》に構え、腕で顔を覆うようにして、防御姿勢をとる子供もいる。[*1]グループでいても、それぞれバラバラに、天井を眺めたり、部屋の隅で独りで遊んだりしている。他人がまるでモノでしかないかのようである。

他人を前にしたとき、自閉症患者の視線がどこに向かうかを「量的」に示した画期的な実験がある。アミ・クリンらの研究チームが開発した「アイ・トラッキング技術（視線追跡技術）」による実験がそれである。[*2]彼らは、知的レベルの比較的高い健常者の成人男性と、同等の知的レベル・年齢・性別の自閉症患者に、映画『ヴァージニア・ウルフなんかこわくない』（マイク・ニコルズ監督、一九六六）のカットを見せ、両者の視線の動きを比較している。

この映画を選んだのは、「内容豊かな社会状況のなかに巻き込まれた四人の登場人物の濃密な相互関係が描かれており、それが、それぞれの人物の表現性に富む行動と、彼らのあいだの相互的リアクションにたいする観者のモニタリングを最大化して示してくれるように思われた[*3]」からだという。この映画はなるほど、倦怠期を迎えて久しい中年夫婦——ジョージ（リチャード・バートン）とマーサ（エリザベス・テイラー）——と、彼らの家を訪れる若い夫婦——ニック（ジョージ・シーガル）とハニー（サンディ・デニス）——という二組の夫婦（夫はいずれも同じ大学の教員）のあいだで繰り広げられる、憎しみ、侮蔑、嫉妬、野心、裏切り、絶望、和解などが交錯する心理ドラマである。演劇的な（いささか「芝居がかった」）作品だといえる。ジョージとマーサの泥沼の関係を中心に描いた、この狂気じみた、いかにも玄人好みの、「暗い」映画を選んだことには疑問も残るが、そのことはここでは問わない。

図1aと図1bは、ニック（左）とハニー（右）が映っている映画の一コマである。白と黒の「+」が次第に小さくなっているのは、観者の視線がたどる方向を示している。白が健常者の視線、黒が自閉症患者の視線だが、前者がニックの眼からハニーの顔の中心部へと移行しているのにたいして、後者はニックの口もとから奥の部屋（黒く見える部分）へと移っているのがはっきりと見てとれる。クリンらが言うには、ニックの大きく見開かれた眼は驚きと恐れを表しているが、彼の口は、わずかに開かれているものの、表情に乏しく、このシーンで起きていることについてほとんど何の手がかりも与えてくれない。

図2は、ジョージ（左）とマーサ（右）のヒート・アップした対話シーンである。ここでは実線と矢印が観者の視線の動きと方向を示している。健常者の視線（白）が鋭く睨み合う二人の眼のあいだを行ったり来たりしているのにたいして、自閉症患者の視線（黒）はマーサの首筋から

ジョージの顎のあたりへ、そしてさらにマーサの口もとへと移行しているのが分かる。後者はここでもやはり二人の眼には向かわない。

図3はさらに示唆的である。画面手前ではマーサとニックがにこやかに会話を交わしている。背後に、グラスを片手に、堅い表情で立っているのはジョージである。彼はこの金髪の若い新任教師のことが気に入っていない。このシーンを前にして、健常者は当然、おそらくハラハラしな

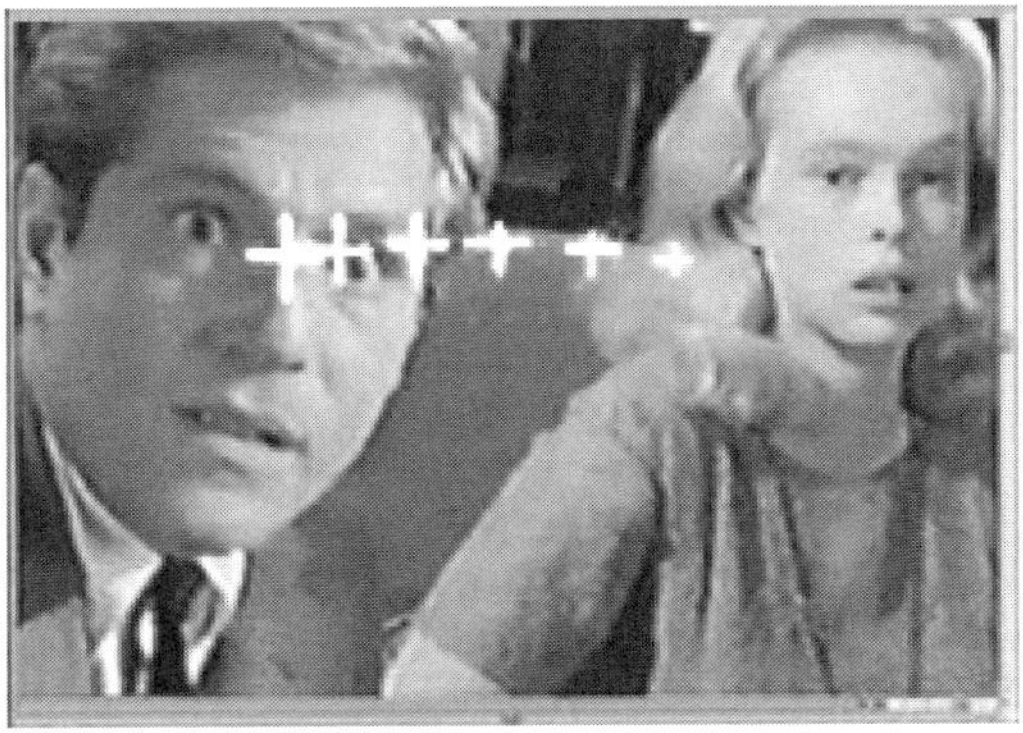

図 1a　健常者の視線の動き

図 1b　自閉症患者の視線の動き

図 2

図 3

がら、三人を代わる代わる見るので、その視線（白）の動きは幾重にもなぞられた三角形を描いている。ところが自閉症患者の視線（黒）は、マーサの左腕からニックの口元に移るだけである。眼に向かわないだけでなく、あくまで前景の二人にとどまり、背後のジョージに達することもない。

観察例はこれにとどまらない。自閉症患者はカメラワークによる映像の物理的変化には敏感に反応するが、人物の意図や感情の動きには無反応だということを示す例なども挙げられている。

「総じて、これらの視線追跡例は、自閉症を患う個人が呈する非常に限られた社会適応能力を潜在的に支えている多くのプロセスを浮き彫りにするものである。眼よりも口に視線を向ける顕著な傾向、〔人物や物語の理解にとって〕決定的な社会的ないしコミュニケーション上の手がかりの無視、社会的要素よりも物理的要素に注意を向ける傾向は、この種の環境において彼らに社会的機能障害をもたらす基本的ファクターの一部にほかならないように思われる」*1とクリンらはまとめている。

彼らはこのあと、汎用性を高めるために被験者の枠を広げ、若年者三〇人（健常者一五人、自閉症患者一五人）を対象に同様の実験を行っている。*2それは、被視対象を目もと、口もと、他の身体部位、物体という四つのゾーンに分けて、それらに視線が固定される時間の長短を比較するという、より単純化された実験で、そこでも目もと以外のゾーンにたいする自閉症患者グループの注目度の高さ（健常者の約二倍）が確認されている。ただ、問題は社会的能力（順応性や自閉的症候の重度）との関係で、自閉症患者グループ内での比較では、意外にも、目への注目度は社会的能力の程度とは関係せず、口への注目度はむしろ社会的能力の高さに結びついている（物体への注目度はその逆）と報告されている。口は言葉を発する器官だからではないかとクリンらは推測しているが、これらの結果の解釈は今後の課題とされている。自閉症よりは症状が軽いアスペルガー症候群や特定不能の広汎性発達障害の場合はどうなのかという点も気になるところである。

アミ・クリンがのちに行った一般向けの講演[*1]によると、彼はその後、乳幼児を対象にしたアイ・トラッキング技術を開発したようである。自閉症は遺伝子異常を主原因とする脳の障害から来ており、出生とともにそのプロセスは始まる。出生時から異常を示すことはないが、一年以内に兆候は現れる。これは「発達」の問題であって、二歳になるまでの介入が決定的なのだという。治療が遅れると重症化するからだ。アイ・トラッキングの方法を早期発見・早期療育に役立てるというのがクリンの目指すところであるようだ。彼が強調するのは、自閉症患者の深い〈孤立（isolation）〉である。自閉症患者は「他者との共感が絶たれた状態」にある。彼らにとっては「人の世界」と「モノの世界」の境界があいまいなのである。彼らは「人の世界」に興味がないのだとも述べている。

70　人の目を「横から」見る

このように、自閉症患者は概して、人の顔の映像を前にして、その口もとを見ることはあっても、その目を見ようとはしない。とはいえこれを、私がここでいう対面の忌避と直接結びつけるのは早計だろう。自閉症患者の反応は、こういってよければ、もっと深刻である。

アミ・クリンらは、アイ・トラッキング技術を用いた実験はクリニックの環境ではなく「日常的状況（everyday situation）」で行われたものだと言う。彼らが使う“naturalistic”という語の意味もそのこと以外ではない。しかしこの実験における視聴対象は、生身の人間が立ち回る現実の場面ではなく、あくまでスクリーン上の映像、しかもフィクション映画の映像である。ここでは現実と表象（映像）という意味媒体の相違は捨象して考えるとしても（技術上の問題から、なまの現実を対象とすることはできなかったものと推測される）、ひとつ見落とせないポイントがある。それは、フィクション映画を観ている者は登場人物と「目を見合わせる」ことはけっしてないということである。俳優にとって観客（フィクション外の世界）＝カメラであり、演技中にカメラを見てはならないというのが彼らにとっての鉄則だからだ（理由はいうまでもないだろう）[*1]。「こちら」を見ているかに見える図1のニックも、別の登場人物（マーサの罵りに怒りを爆発させて酒瓶を叩き割ったジョージ、あるいはそれに驚くマーサ）を見ているのであって、カメラが（迫真性を出すために）その人物寄りの視点をとっているにすぎない。この映画を観る者の視点はつねに第三者的であり、観者にとって厳密に対面的な状況が生じることはない。つまり、自閉症患者にとってもっとも過酷であると思われる〈見つめ合い〉の状況はここでは生じようがないのである。それでも自閉症患者は登場人物の目を見ようとはしない。自分に向けられているわけではないのに見ようとしない。これは何を意味しているのだろうか。

自分以外の誰か、あるいは何かを見ている人の目を見るということ――つまり人の目を正面からではなく「横から」見るということ――は、クリンも述べているように、その人がいま何を感じ、何を考えているかを推しはかろうとすることである。「人が見ているものは彼が考えていること」[*1]だからだ。人の視線をたどり、その先にあるものを確認して、その人の内面で起きていることを推しはかり、彼が次にとる行動を予測する。よく言われる、人に成り代わって、人の立場に立ってものを見るということは畢竟そういうことである。クリンのいう「共感」の意味もそこにある。その中心に目へのまなざしがあるのである。

これはじつは相当に複雑な知的プロセスであり、想像力の駆使である。とりわけ複数の人間のあいだの相互関係が問題になるとき、複雑さの度合いは格段に高まる。図2にあるような二人の対面シーンを前にして、われわれはマーサを見るジョージに目をやり、ジョージを見るマーサに目をやる。いや、マーサに凝視されつつ彼女を見返すジョージを見るとともに、ジョージに睨まれながら彼を射返すマーサを見る。健常者の視線が彼らのあいだを行ったり来たりするのはそのためである。ここには、可能的には、Aを見るBを見るAを見るBを見るA……と、無限の視者を畳み込んだ鏡面構造がある（いま思ったことだが、対面が当事者の目を眩ませるのは、この鏡面構造が孕む無限性ゆえなのかもしれない）。見つめ合うジョージとマーサのあいだにはまた、いうまでもなく、対面的磁場が発生している。彼らの目を（第三者として）見るということは、この対面的磁場を追体験することでもあるはずである。彼らのあいだに漂う高温の「熱」を想像することでもあるはずだ。

図3のシーンに見られる相互関係はさらに「立体的」である。画面手前で対面しながら言葉を

交わすマーサとニックに、彼らの背後に立って独りグラスを傾けるジョージを加えた三者関係であるからだ。それはまさに「三角関係」でもある。ニックに笑いかけるマーサの意識は、ジョージの存在を片時も離れないはずである。他方、ジョージの意識は二人が親密に交わす会話にある。彼は二人に目こそ向けていないが、心のなかでは彼らを「注視」しているはずなのだ。その横向きの姿勢とやや怒らせたように見える左肩が、心中穏やかならざることを暗に物語っている。三角形を描く健常者の視線が、ジョージに関してだけは目に向かっていないことに注意してもいいかもしれない。視線はおそらくジョージの「心の目」に向けられているのである。三者のあいだにももちろん、入り組んだ形ではあるが、対面的磁場が発生している。

思えば、ふだんわれわれは、社会生活のなかで、このきわめて複雑な「思考や感情のトレース」を、ほとんど無意識に、しかも瞬時に行っているのである。自閉症患者にはこの他者理解の回路が閉じられているということになる。クリンがいうように、自閉症がとくに「他者を理解し、彼らの気持や感情を直感し、彼らと相互的関係を築く能力にかかわる深刻な障害」[*1]であるとするなら、ここにこそ核となる症候があるといえるだろう。しかし、同じく自閉症患者に顕著に見られるはずの対面の忌避（アイ・コンタクトの不在）との関係はどうなっているのだろうか。というのも、人の目を正面から見ることと「横から」見ることは、質的にかなり異なる行動だからである（たとえ後者が、先に見たように、対面する二人の他者の目を見たり、彼らのあいだの対面的磁場を追認したりすることを含むとしても）。自閉症の専門家はこの違いを軽視しているのではないだろうか。赤子も動物も、他者と目を合わせることはあっても、誰か（あるいは何か）を眺める他者の目を「横から」見ることがあるとは思えない。というより、乳幼児においては、そうできるようになることがまさに「成長」の証ということになるのだろう。自閉症患者の場合、対面の、見つめ合いの忌避こそがより「基底的」な症候なのではないかと私は思うのだが、どうだろうか。

近年では、自閉症の子供の療育にロボットを使うこともあるらしい（NAO, Pepper, Keepon など）。ロボットは人間とちがって自閉症児に不安を与えないからだという。それでいて人間に似ているからだ。もちろん似すぎていてはならない。この「中間状態」がいいのである。使われるのはいうまでもなく、アンドロイドではなく、従来型の（あるいはさらに簡素化された）ロボットである。最近の日本での「ゆるキャラ」の流行、そこに「癒し」を見出す人々の急増なども、これと関係がありそうである。

71　うわの空

対面は基本的に想像力の領域ではない。想像力が起動するには、想像される対象がそこにいないことが必要である。対面相手はそこにいるわけだから（現前とはそういうことである）、これにたいしては想像力は働かない。しかし想像力はまったく起動しないかというと、つまり対面しつつも対面相手以外に想像力が向かうということがないかというと、そんなことはない。それは対面の集中度、「熱中度」による。散漫な対面者が「ほかのことを考える」ということは大いにありうる。親に叱責を受けている子供が友達との遊興に思いを馳せるように。倦怠期の夫婦が言葉を交わしつつもそれぞれ別の思いにふけるように。しかも、先述したように、そこにいない者とのあいだにも対面性の磁場が発生することはある。ドアの向こうにいる家族、去ってしまった恋人……。これを「対面妄想」と呼んでもいいかもしれない。逆に、物理的・身体的に対面状態にあっても、対面性の磁場が生まれないことも、それが途切れることもある。対面の磁力には度合いがあるのである。対面と「うわの空」、「気もそぞろ」は両立しないわけではない。

72　埴輪

国立歴史民俗博物館の館長だった佐原真が埴輪について次のように書いている。

　埴輪の顔が私たちをひきつけるのは、切りとった目ゆえである。中空の球体を顔に見たてて、銀杏《ぎんなん》形に二つの目の孔を切り抜くと、たちまち生き生きとする。多くの埴輪には、鼻の

孔がないにもかかわらず、まるで息づくかのようである。〔……〕

埴輪の顔に対するとき、人はおだやかな眼差《まなざし》となる。切りとった目は、目の輪郭にすぎず、黒目がない。埴輪は相対する者を凝視できない。埴輪に対する人は、見つめられることなしに、見つめることができる。それだからこそ、やすらいだ気持で向かうことができるのか。[*1]

ロラン・バルトは『記号の帝国』（一九七〇）で、目もとを大写しにした日本人の顔の写真にキャプションをつけて「眼であってまなざしではない、裂け目であって魂ではない」[*2]と書いた。ここには、西洋の「まなざしのドラマツルギー」や「魂の告白」に倦いたバルトの新鮮な発見がある。彼は、この写真を前にして、佐原のそれに似た「やすらぎ」を感じたことだろう。

73 石

対面は疲れる。対面には、闘争心とまではいわないにしても、一定の勇気とエネルギーが必要である。対面の緊張と興奮、見つめ合いの火花と「ドキドキ感」にいつまでも対峙できるとはかぎらない。それに対面性はおのずと「劣化」する。時間が経つにつれて、慣れ（自動化）と倦怠から、バッテリーが減るように、対面性の磁場はその磁力を失ってゆく。対面性の制圧は、対面感受性の鈍化とともに容易になる。恍惚の人は、老眼鏡越しに、あなたの顔をリンゴを見るように、風景を見るように眺めるかもしれない。

年をとると対面性がつらくなる。「現前」がうとましくなる。年をとって盆栽をいじったり、石を集めたりするのは、おそらくこのことと関係している。動物よりも植物、植物よりも鉱物へと関心が移ったとしても不思議ではない。

「動物には反応がある。あり過ぎる。人間以外では、犬など殊に反応を呈するから、私は苦手だ。反応を示す相手には、こっちの手心が要るから煩わしい。鳥や虫となると、大分気楽だ。草や木は、更にいい。」（尾崎一雄『石』、昭和三十二年）

草や木よりもさらにいいのは石である。「石に向かつてゐると、何よりも気楽」なのだ。こうして尾崎の関心は人間から動植物を経て鉱物へ、無機物の世界へと移っていく。その行きつく先は、完全な気楽さの得られるであろう死後の世界である。[*1]

蛇足を承知で言い足すなら、完全な気楽さが得られるのは、死後の世界というより、気楽さのイメージのなかで夢想された死後の世界である。言い換えれば、死後の世界はこうであってほしいということだ（むろん「死後の世界」などというものがあるとしての話である）。ハイデガーが言うように石は「世界」をもたないが、それは幸いなことだ。石にまで世界をもたれてはたまらない。これも蛇足だが、そう考えるのは人間、どこまでいっても人間である。

結びにかえて

本書の最後に喚起したいのは「尻」のイメージである。尻は末尾の「尾」であり、身体部位としては顔（対面の面）の反対側にあるものだからである。いわば対角線上のもう一方の極だ。尻はハームレスである。受動的、非攻撃的である。そして「臆病」だ。

人間の場合も、動物の場合も、格闘において背中や尻を見せることは「降参」を意味する。レスリングでは相手に「バックをとられる」とポイントを失う。敗走する兵士たちが背中を見せることはいうまでもない。先述したようにゴリラには「尻を見せると追いかけられる」らしいが、間直之助は「敵にうしろを見せると、ふたたび勢いを盛りかえして襲ってくるのが動物に一般の通有性」だと書いている。[*1] "coward"（「臆病」）という英語は、一三世紀からある言葉で、「尻尾」を意味するラテン語の "cauda" から来ているらしい。[*2] それに英語で "turn tail" は「（背を向けて）逃げる」という意味だ。日本語でも、勝ち目がないと思って逃げることを「尻尾を巻いて逃げる」という。「立ち向かう」と「逃げる」――「面」と「尻」の対立をこのように言い換えることもできる。

逆に、安心して尻を見せるのは、相手を信頼している証拠である。犬や猫も信頼している相手にしか尻は見せない。彼らは寝そべって腹を見せることもあるが、これはもはや単なる「降参」を通り越した「全面降伏」、あるいは自分がいかにリラックスしているかを示す融和のポーズである。

尻は「無防備」の象徴である。不覚にも人目にさらしてしまう、それが尻である。尻はどこか意識の及ばないところにある。逆に、意図的に尻をさらすと挑発となる。相手を、尻を向けるにふさわしい、つまり対面に値しない者として扱うということだ。襲えるものなら襲ってみろと。

最後に、尻はある種の「完結性」を含意する。そういえば肛門は一種の「結び」を思わせる。

そしてなにより、お尻はほほえましい。

註

13頁 1 本章ははじめ『新潮』二〇一三年一一月号に、次いで『ベスト・エッセイ 二〇一四』（林真理子ほか編、日本文藝家協会／光村図書出版）に掲載された。テクストに若干の異同がある。

18頁 1 近代ボクシングの前身は、一八世紀初頭からイギリスで盛んに催されるようになったベアナックル（素手）によるプライズ・ファイト（懸賞金付き拳闘試合）だとされるが、ラウンド数の制限がなかったこの時代に出来た最初のボクシング・ルールである「ブロウトン・ルール（Broughton's rules）」（一七四三）にもすでに「ダウンした相手を打ってはならない」と明記されていた（松井良明『ボクシングはなぜ合法化されたのか——英国スポーツの近代史』平凡社、二〇〇七参照）。

24頁 1 「エローティッシュなものは〔……〕決して純粋に対話の凝縮でも展開でもない〔……〕私はエローティッシュなものにおけるほど、対話的なものと独白的なものとが混りあい、しかも相い争う領域を他に知らない」（マルティン・ブーバー『我と汝・対話』（一九二三）、田口義弘訳、みすず書房、一九七八、一九一頁）。ただし引用にさいしては字句を一部改めた。

25頁 1 この「見る」と「視る」は、英語の see と look（あるいは watch）に、フランス語でいえば voir と regarder に対応するのかもしれない。興味ぶかいのは、通常「〜が見える（状態にある）」、「〜が目に入る（状態にある）」などと非意図的な見る行為として訳される see や voir が、「分かる」「理解する」といった知的・精神的意味の広がりをもつということである。

27頁 1 Marcel Proust, *Sodome et Gomorrhe*, dans *A la recherche du temps perdu*, t. III, coll. "Bibliothèque de la Pléiade", Paris, Gallimard, 1988, p. 10（マルセル・プルースト『失われた時を求めて 8』『ソドムとゴモラ Ⅰ』吉川一義訳、岩波文庫、二〇一五、三四－三五頁。ただし本書でのプルースト訳は大浦による——以下同）。

ちなみにこの盗み聴きのシーンは、語り手自身が述べているように、「モンジューヴァンのシーン」と呼ばれる覗き見の思い出につながっている。すなわち、モンジューヴァンにあるヴァントゥイユ家の窓の前に隠れた語り手が、ヴァントゥイユ嬢とその同性の恋人とのあいだで繰り広げられるサディスティックな性愛行為を覗き見るシーンである（Proust, *Du côté de chez Swann*, dans *A la recherche du temps perdu*, t. I, Gallimard, 1987, pp. 157-161. プルースト『失われた時を求めて 1』『スワン家のほうへ I』吉川一義訳、岩波文庫、二〇一〇、三四四－三五一頁）。

2 *Ibid.*, p. 11（同書、三七頁）。

31頁 1 山極寿一『野生のゴリラと再会する——二十六年前のわたしを覚えていたタイタスの物語』くもん出版、二〇一二、五〇－五四頁。

34頁 1 同書、五四－六四頁。

38頁 1 Bronislaw Malinowski, *The Sexual Life of Savages in North-Western Melanesia*, New York, Eugenics Publishing Company, 1929, p. 330.

41頁 1 Roland Barthes, *Fragments d'un discours amoureux*（1977）, in *Œuvres complètes* V, Paris, Seuil, 2002, pp. 101–102（ロラン・バルト『恋愛のディスクール・断章』三好郁朗訳、みすず書房、一九八〇、一〇七頁。ただし引用文は拙訳による）。

43頁 1 *Ibid.*, p. 174（同書、二〇五頁。訳と傍点は引用者による）。

44頁 1 Marcel Proust, *La Prisonnière*, dans *A la recherche du temps perdu*, t. III, *op. cit.*, p. 578.

45頁 1 *Ibid.*

48頁 1 Robert J. Priest, "Missionary Positions: Christian, Modernist, and Postmodernist", *Current Anthropology* 42, 2001, pp. 29-68.

49頁 1 Alfred C. Kinsey, Wardell B. Pomeroy, Clyde E. Martin, *Sexual Behavior in the Human Male*, Indiana University Press, 1975（renewed edition）, p. 373. ちなみにキンゼイら自身はこの体位を「英米人の体位 English-American position」と呼んでいる。

2　Malinowski, *op. cit.*, p. 338.

3　男女が白昼、人目につく所で互いの手をとって寄り添うという、慎ましいトロブリアンド島民にとっては忌むべき新しい風習（「キリスト教によってもたらされた不道徳行為のひとつ」）を指弾する言葉として引用されている（*ibid.*, p. 479）。ちなみに抄訳である邦訳（『未開人の性生活』泉靖一ほか訳、新泉社、一九九九）ではこの部分は省略されている。

4　自由と快楽を謳歌していた「未開人」にヨーロッパのキリスト教徒が自らの道徳と罪の概念を押しつけたといった、モダニストによるいわれなきキリスト教モラル批判の恰好の材料として「ミッショナリー・ポジション」は使われたというのがプリーストの基本的主張である。彼はこれをアカデミックな人類学的言説からのキリスト教徒の排除とも関連づけている。

50頁

1　A・アルテール、P・シェルシェーヴ『体位の文化史』（二〇〇三）、藤田真利子・山本規雄訳、作品社、二〇〇六、三六－三七頁。

53頁

1　こうした反応にはいうまでもなく個体差があるだろうし、また動物の種類によっても異なるだろう。たとえばユクスキュルは、拡声器から聞こえてくるオスの声に反応するメスのキリギリスの例に言及している（ヤーコプ・フォン・ユクスキュル、ゲオルク・クリサート『生物から見た世界』（一九三四）、日高敏隆・野田保之訳、新思索社、一九九五、七四頁）。テレビに映った猫たちを食い入るように眺め、ときにはそれに向かって手を伸ばしたりする猫もいるようだ（http://pds.exblog.jp/pds/1/201502/06/47/f0169147_19491761.jpg）。

55頁

1　木田元『偶然性と運命』岩波新書、二〇〇一、二一－二二頁。

2　同書、三〇－三一頁参照。

3　同書、二三頁。

56頁

1　人間における時間の先取りは、もちろん痛みや不幸の予感に限られるものではない。エドワード・ホールは『かくれた次元』（一九六六）で人間の計画能力や抽象的思考の能力にふれ、それを進化の過程における人間の嗅覚の退化と視覚の発達に関係づけている。「環境の圧力によって、鼻に頼ることから眼に頼るように変わったことは、人間のおかれた状況を完全に規定しなおした。計画をたてるという人間の能力は、眼のとどく範囲がひろがったからこそ可能になったものである。眼ははるかに複雑なデータをコードすることができ、したがって抽象的思考を促す」（E・ホール『かくれた次元』日高敏隆・佐藤信行訳、みすず書房、一九七〇、六一頁）。ホールは人間が発達させてきた視覚と聴覚を「遠距離感覚器」と呼んでいる。

58頁 1 Jeremy Bentham, *An Introduction to the Principles of Morals and Legislation*, vol. 2, London, W. Pickering, 1823, pp. 235–236.

59頁 1 *Ibid.*, p. 235.

60頁 1 多田智満子『鏡のテオーリア』大和書房、一九八〇（増補版）、二八–二九頁（同書にはちくま学芸文庫版（一九九三）がある）。

2 同書、二九頁。

61頁 1 同書、一三頁（Maurice Merleau-Ponty, «Les relations avec autrui chez l'enfant», Centre de Documentation Universitaire, 1958, p. 41）。

63頁 1 同書、一六頁。この「準実在性」は、メルロ＝ポンティが使っている言葉でいえば"quasi-réalité"だろう（*ibid.*, p. 41）。

64頁 1 同書、二一頁。

2 Merleau-Ponty, *op. cit.*, p. 38. メルロ＝ポンティはこれをサルトルの用語として使っている。

3 *Ibid.*, p. 44. メルロ＝ポンティのこの言葉は、もともとの文脈では、自己の鏡像にたいする幼児の反応をもっぱら知的操作として理解した精神医学者アンリ・ワロンにたいする批判（と同時にそれとは一線を画する精神分析的理解への賛同）として発せられたもの。

65頁 1 多田智満子、前掲書、二四頁。

2 同書、二三–二四頁。

67頁 1 Merleau-Ponty, *op. cit.*, p. 33.

68頁 1 Cf. Gordon G. & Gallup, Jr., "Chimpanzees: self-recognition", *Science* 167, No. 3914 (Jan. 2, 1970), pp. 86–87.

70頁 1 ブーバー、前掲『我と汝・対話』、五四－五五頁（ただし引用にさいしては一部改訳した――以下同）。

71頁 1 同書、七－八頁。ロマン・ヤコブソンの有名な二分法をいささか強引に敷衍して、さまざまなそれが隣接する世界はメトニミー（換喩）的な、散文（小説）の世界、それにたいして我－汝関係が問題となる世界はメタファー（隠喩）的な、抒情詩の世界だと言っていいかもしれない（ローマーン・ヤーコブソン「言語の二つの面と失語症の二つのタイプ」（一九五六）、『一般言語学』川本茂雄監修、田村すゞ子ほか訳、みすず書房、一九七三、二一－四四頁参照）。

2 前掲『我と汝・対話』、三九頁。

3 同書、六頁。

4 同書、八三－八七頁。

5 同書、「原著者あとがき」（一九五七）、一六四頁。

72頁 1 同書、一四頁。

73頁 1 同書、一八頁。

74頁 1 同書、四八－四九頁。

2 同書、五〇頁。

3 同書、六五頁。

4 同書、五二頁。

5 同書、二一頁。

6 同書、一五〇頁。

7 同書、「原著者あとがき」、一六一－一六二頁。

75頁 1 稲村秀一『ブーバーの人間学』教文館、一九八七、八頁。

2 M・ブーバー『人間とは何か』児島洋訳、理想社、一九六一、一七八頁（引用にさいしては一部表記を改めた）。

3　同書、一七五頁。

78頁　1　同書、一七五－一七七頁。

79頁　1　木村敏『あいだ』弘文堂、一九八八、一一八頁。

2　ヴィクトーア・フォン・ヴァイツゼッカー『ゲシュタルトクライス──知覚と運動の人間学』（一九四〇）、木村敏・濱中淑彦訳、みすず書房、一九九五（新装版）、一九四頁ほか（ただし“Umwelt”の訳語である「環界」は「環世界」とした）。

80頁　1　同書、一三頁。

2　同書、一九四頁。

3　木村敏、前掲『あいだ』一四頁。

4　ヴァイツゼッカー、前掲『ゲシュタルトクライス』四二頁ほか。

5　同書、四二、一九六頁ほか。

81頁　1　木村敏、前掲『あいだ』一－五頁。

2　同書、五－七頁。

82頁　1　同書、二〇－二八頁。

2　ヴァイツゼッカー、前掲『ゲシュタルトクライス』二九八頁。

83頁　1　木村敏、前掲『あいだ』一一九－一二〇頁。

84頁　1　同書、一二頁。

85頁　1　同書、二〇五頁。

2　木村敏『関係としての自己』みすず書房、二〇〇五、七頁（傍点は大浦による）。

3　同書、八－九頁。

4　カール・ケレーニーに拠る「ビオス」と「ゾーエー」の概念については、同書一九二－一九四、二八一－二八二頁に詳しい。

86頁 1 同書、九頁。

87頁 1 同書、五六頁ほか。

88頁 1 木村敏、前掲『あいだ』三三－四〇頁。

2 木村敏『心の病理を考える』岩波新書、一九九四、七三－七四頁。

89頁 1 同書、七四頁。

91頁 1 森田正馬『新版 対人恐怖の治し方』白揚社、二〇一一、五二頁。

92頁 1 CD版『出口なし』に収録された一九六四年のコメント（*Huis Clos - Jean-Paul Sartre*（direction: Moshé Naïm pour Emen), précédé du commentaire de Jean-Paul Sartre "L'enfer c'est les autres", Frémeux et Associés, 2010）。

93頁 1 Jean-Paul Sartre, *L'être et le néant*, Paris, Gallimard, 1943, p. 276（ジャン＝ポール・サルトル『存在と無』（全三巻）、松浪信三郎訳、ちくま学芸文庫、第二巻、二〇〇七、一九－二〇頁）。

2 *Ibid.*, p. 720（同書、第三巻、四八六頁。ただし訳は大浦による）。

97頁 1 Emmanuel Levinas, *Ethique et Infini. Dialogues avec Philippe Nemo*, Le Livre de poche, 1984, pp. 79-80（E・レヴィナス『倫理と無限――フィリップ・ネモとの対話』西山雄二訳、ちくま学芸文庫、筑摩書房、二〇一〇、一〇五－一〇六頁。ただし同書からの引用はすべて拙訳によった）。

98頁 1 *Ibid.*, p. 69（同書、九四頁）。

2 *Ibid.*, p. 85（同書、一一五頁）。

99頁 1 E. Levinas, *Totalité et infini. Essai sur l'extériorité*, Le Livre de poche, 1990, pp. 79-80（E・レヴィナス『全体性と無限――外部性についての試論』合田正人訳、国文社、一九八九、一〇七－一〇八頁。同書からの引用はすべて拙訳によったが、適宜、合田訳を参考にさせていただいた）。

2 これは周知のようにモーセが神から与えられた十戒のうちのひとつで、『旧約聖書』の「出エジプト記」および「申命記」に記されている。

3 Cf. E. Levinas, *Ethique comme philosophie première*, Paris, Rivages, coll. "Rivages poche" 1998; *Ethique et Infini*,

op. cit., p. 71（前掲『倫理と無限』九六頁）。

101頁　1　Levinas, *Totalité et infini*, *op. cit.*, p. 222（前掲『全体性と無限』二九五－二九六頁）。

103頁　1　Jacques Derrida, *L'animal que donc je suis*, Paris, Galilée, 2006, p. 148（ジャック・デリダ『動物を追う、ゆえに私は（動物で）ある』鵜飼哲訳、筑摩書房、二〇一四、一九六－一九七頁。ただし訳は大浦による）。

104頁　1　*Ibid.*, pp. 24-27, *et al.*（同書、二五－二九頁ほか）。
2　*Ibid.*, pp. 18-19, 85-86（同書、一八－一九、一一二－一一三頁）。
3　*Ibid.*, p. 50（同書、六一頁）。
4　*Ibid.*, p. 126（同書、一七〇頁）。

105頁　1　*Ibid.*, p. 156（同書、二〇七頁）。

106頁　1　*Ibid.*, pp. 153（同書、二〇三頁）。

107頁　1　合田正人「訳者あとがき」、前掲『全体性と無限』四九二頁参照。
2　Levinas, *Ethique et Infini*, *op. cit.*, p. 82（前掲『倫理と無限』一〇九頁。傍点は大浦による）。

108頁　1　*Ibid.*, pp. 82-83（同書、一一〇－一一一頁）。

114頁　1　森田正馬、前掲『新版 対人恐怖の治し方』三三頁。
2　坂野雄二編『人はなぜ人を恐れるか――対人恐怖と社会恐怖』日本評論社、二〇〇〇、一九頁。

115頁　1　内沼幸雄『対人恐怖』講談社現代新書、一九九〇、『対人恐怖の心理――羞恥と日本人』講談社学術文庫、一九九七ほか。
2　木村敏、前掲『関係としての自己』三一頁。

116頁　1　内沼幸雄、前掲『対人恐怖』五八頁。

117頁　1　木村も内沼もそれぞれ別の角度からシェーラーの羞恥論を批判的に検討しているが、ここではそれには立ち入らない。
2　マックス・シェーラー「羞恥と羞恥心」（一九一三）、浜田義文訳『シェーラー著作集』15、白水社、一

九七八、三一一-三二頁（ただし引用にさいしては表記を一部改めた）。
3 同書、三三頁。

118頁
1 同書、一三頁。
2 同書、一三-一七頁。

119頁
1 『DSM-Ⅳ-TR 精神疾患の診断・統計マニュアル』髙橋三郎ほか訳、医学書院、二〇〇三、四三六頁。
2 木村敏「人と人との間――精神病理学的日本論」（一九七二）『木村敏著作集』3、弘文堂、二〇〇一、二八九頁。内沼『対人恐怖の心理』三〇、一八三頁。
3 内沼幸雄、前掲『対人恐怖』二〇三-二〇四頁、『対人恐怖の心理』三〇頁。
4 内沼幸雄、前掲『対人恐怖の心理』一五一頁ほか。

120頁
1 森田正馬、前掲『新版 対人恐怖の治し方』、二五-二六頁。

121頁
1 同書、一四頁。『神経質の本態と療法』（一九二八）には「自然に服従すべし」とある（森田正馬『新版 神経質の本態と療法』白揚社、二〇〇四、一〇六頁）。

123頁
1 森田正馬、前掲『新版 対人恐怖の治し方』、一一〇-一一一頁。

125頁
1 同書、一〇五頁。

126頁
1 内沼幸雄、前掲『対人恐怖の心理』二一-二二頁。
2 氏原寛ほか編『心理臨床大事典』培風館、二〇〇四、八六一頁。

127頁
1 斎藤環『社会的ひきこもり――終わらない思春期』PHP新書、一九九八、二五頁。
2 同書、二八頁。

128頁
1 同書、四〇頁。斎藤によると赤面恐怖は減少傾向にあるという。
2 同書、二九頁。
3 厚生労働省科学研究費補助金・こころの健康科学研究事業『思春期のひきこもりをもたらす精神科疾患の実態把握と精神医学的治療・援助システムの構築に関する研究』（主任研究者 齊藤万比古）、平成一九

〜二一年度、総合研究報告書、二〇一〇（http://mhlw-grants.niph.go.jp/niph/search/NIDD00.do?resrchNum=200935010A#selectHokoku）。

4 「様々な要因の結果として社会的参加（義務教育を含む就学、非常勤職を含む就労、家庭外での交遊など）を回避し、原則的には6ヵ月以上にわたって概ね家庭にとどまり続けている状態（他者と交わらない形での外出をしてもよい）を指す現象概念である。なお、ひきこもりは原則として統合失調症の陽性あるいは陰性症状に基づくひきこもり状態とは一線を画した非精神病性の現象とするが、実際には確定診断がなされる前の統合失調症が含まれている可能性は低くないことに留意すべきである」（同報告書、九四頁）。

5 近藤直司ほか「思春期ひきこもりにおける精神医学的障害の実態把握に関する研究」、厚生労働省科学研究費補助金・こころの健康科学研究事業『思春期のひきこもりをもたらす精神科疾患の実態把握と精神医学的治療・援助システムの構築に関する研究』平成二〇年度総括・分担研究報告書、二〇〇九（http://mhlw-grants.niph.go.jp/niph/search/NIDD00.do?resrchNum=200833035A）、六三－七七頁。

6 二〇一〇年に報告されたある調査によれば、ひきこもり人口は全国で少なくとも二三万二千人に上るという（Asuka Koyama *et al.*, "Lifetime prevalence, psychiatric comorbidity and demographic correlates of "hikikomori" in a community population in Japan", *Psychiatry Research* 176 (1), 2010, pp. 69–74）。

129頁

1 「苦痛の文化的諸概念 cultural concepts of distress」は『DSM－5』で新たに導入されたもので、「文化集団が苦しみ、行動上の諸問題、あるいは障害をもたらす思考や感情を、経験し、理解し、伝達するしかた」であるとされている。特定の診断名に一対一対応はしないが、文化的影響が明白な心理的苦痛ということらしい。

2 Nicolas Tajan, "Social withdrawal and Psychiatry: A comprehensive review of Hikikomori", *Neuropsychiatrie de l'enfance et de l'adolescence* 63, 2015, pp. 324–331.

3 ただこれは医者にとっては悩ましい点でもあるだろう。ひきこもり当事者自身が医者やカウンセラーに会おうとしないのであって、しかもそれは彼らにとってまさに「ひきこもる」ことの一部なのである。

130頁
1 斎藤環、前掲『社会的ひきこもり』一六〇頁。
2 境泉洋「ひきこもり概念の形成史」、齊藤万比古編『ひきこもりに出会ったら――こころの医療と支援』中外医学社、二〇一二、一〇―一一頁参照。
3 斎藤環、前掲『社会的ひきこもり』一〇〇―一〇二頁。

132頁
1 同書、一六九頁。

133頁
1 内閣府「若者の意識に関する調査（ひきこもりに関する実態調査）」平成二二年七月（http://www8.cao.go.jp/youth/kenkyu/hikikomori/pdf_index.html）、九頁。
2 塚本千秋、「ひきこもりの精神病理と個人精神療法」、齊藤万比古編、前掲書、一〇九頁。
3 坂野雄二編、前掲『人はなぜ人を恐れるのか』一〇頁。

135頁
1 http://suisougaku.info/tp/mametishiki/mame-agaranai.html（傍点は大浦による）。

137頁
1 中筋朋『フランス演劇にみるボディワークの萌芽――「演技」から「表現」へ』世界思想社、二〇一五、八―九頁（傍点は大浦による）。

138頁
1 三輪眞弘「ピアノとテクノロジー」（演奏会パンフレット）、四頁。

145頁
1 Theodor W. Adorno, *Musikalische Schriften* I-III, *Gesammelte Schriften*, Band 16, Suhrkamp Verlag, Frankfurt am Main, 1978, pp. 309-310（翻訳にあたっては岡田暁生氏の私訳および英訳（Theodor W. Adorno, "The Natural History of the Theatre", in *Quasi una Fantasia. Essays on Modern Music*, translated by Rodney Livingstone, Verso, London & New York, 1998, pp. 65-67）、そしてマルクス・リュウシュ氏の丁寧な原文解説を参考にした。傍点は大浦による）。

146頁
1 Heinrich von Kleist, *Sur le Théâtre de marionettes*, trad. par Jacques Outin, Ed. Mille et une nuits, 1993（ハインリヒ・フォン・クライスト、「マリオネット劇場について」、佐藤恵三訳、『書物の王国7 人形』国書刊行会、一九九七）。

148頁
1 石黒浩『どうすれば「人」を創れるか――アンドロイドになった私』新潮社、二〇一一、一九―二四頁。

149頁
2 石黒浩『ロボットとは何か――人の心を映す鏡』講談社現代新書、二〇〇九、六三頁。
1 柳田敏雄「生体に学ぶ情報通信技術のパラダイムシフト」『NICT NEWS』独立行政法人 情報通信研究機構（http://www.nict.go.jp/publication/NICT-News/1201/03.html）。石黒は柳田と共同で「生体ゆらぎ」の研究を行っている（石黒浩、前掲『ロボットとは何か』四一－四二、一九四－一九八頁）。

150頁
1 同書、六九頁。
2 同書、七〇頁。石黒浩、前掲『どうすれば「人」を創れるか』一二四－一二六頁も参照。

151頁
1 石黒浩『人と芸術とアンドロイド――私はなぜロボットを作るのか』日本評論社、二〇一二年、一〇一頁。

152頁
1 同書、一〇二頁。
2 石黒浩、前掲『ロボットとは何か』二七－二八頁。

155頁
1 和辻哲郎「面とペルソナ」『偶像再興・面とペルソナ――和辻哲郎感想集』講談社文芸文庫、二〇〇七、二六一頁（傍点は大浦による）。
2 同書、二六四－二六五頁。

156頁
1 同書、二六四頁。

157頁
1 ちなみにこの「権利の主体としてのペルソナ」という言い方は、のちにふれるロベルト・エスポジトが用いるキーワードそのままである。その背後にはいうまでもなく「法人」などという場合の法学上の「人」の概念がある。
2 同書、二六六頁。
3 同書、二六七頁。

158頁
1 坂部恵『仮面の解釈学』（新装版）、東京大学出版会、二〇〇九、七九－八〇頁。

159頁
1 Cf. Jean Rousset, *Leurs yeux se rencontrèrent*, Paris, José Corti, 1981.

162頁
1 小林秀雄「私小説論」（一九三五）、『小林秀雄全集』第3巻、新潮社、一九六八、一二一－一二二頁。
2 木村敏、前掲『関係としての自己』四九頁。

163頁
3 同書、四三頁。
1 同書、四九頁。
2 同書、四五頁。

164頁
1 ヨーロッパの決闘史についてはおもにV. G. Kiernan, *The Duel in European History. Honour and Reign of Aristocracy*, Oxford University Press, 1988を、またフランス近代の決闘についてはJean-Noël Jeanneney, *Le Duel. Une Passion française (1789–1914)*, Paris, Seuil, 2004を参考にした。
2 Jeanneney, *op. cit.*, pp. 14, 113–117.

165頁
1 Kiernan, *op. cit.*, pp. 137–138.
2 フランスでは"témoin"（証人、立会人）と呼ばれることが多い。
3 *Ibid.*, p. 138.

166頁
1 *Ibid.*, p. 148.
2 ナポレオンは剣はピストルよりも決闘の武器としてノーブルだと言ったといわれる（*ibid.*, p. 188）。
3 Cf. *ibid.*, p. 144–145.

167頁
1 *The Duel*が原題のこの小説は『デュエリスト／決闘者』*The Duellists*（一九七七）として映画化されている。これはリドリー・スコット監督のデビュー作で、いまや小説よりこの映画の方が有名かもしれない。ちなみに、決闘シーンで有名な時代物のイギリス映画としては、このほかにも『バリー・リンドン』がある（サッカレー原作、スタンリー・キューブリック監督、一九七五）。

169頁
1 Jeanneney, *op. cit.*, pp. 13, 125. ジャヌネーは、一八七〇－一九〇〇の決闘件数を、Robert A. Nye, *Masculinity and Male Codes of Honor in Modern France*, Oxford University Press, 1993に拠って、年間二〇〇～三〇〇としているが（*ibid.*, p. 10）、こと決闘に関するかぎり実数はよく分からない。
2 Guy de Maupassant, «Préface» in Baron de Vaux, *Les Tireurs au pistolet*, Paris, C. Marpon et E. Flammarion, 1883, p. vi.
3 *Ibid.*, p. viij.

170頁
1 Kiernan, *op. cit.*, p. 139.
2 もちろん現実には逆に決闘を煽るような介添人もいたようだ。たとえば『失われた時を求めて』では、取るに足らない発言に関して、「あんなことを言わせておいていいのか」と焚きつける「血の気の多い」介添人の存在が一般論的に語られている（Marcel Proust, *La Prisonnière*, *op. cit.*, p. 816）。
3 Jeanneney, *op. cit.*, p. 20.
4 Kiernan, *op. cit.*, pp. 269–270.

171頁
1 以下については、Jeanneney, *op. cit.*, p. 85–100 に詳しい。
2 *Ibid.*, p. 86 に引用。

172頁
1 *Ibid.*, p. 80（傍点は大浦による）。

173頁
1 決闘裁判と当事者主義（とくに現代アメリカの裁判制度に見られるような）については、山内進『決闘裁判――ヨーロッパ法精神の原風景』講談社現代新書、二〇〇〇に興味ぶかい指摘がある（二二一－二二三、二三〇頁）。

174頁
1 Cf. Markku Peltonen, *The Duel in Early Modern England. Civility, Politeness and Honour*, Cambridge University Press, 2003.
2 Jeanneney, *op. cit.*, p. 41.

175頁
1 それは剣で闘われたが、もちろん命を賭けた決闘ではなく、どちらかが少しでも出血した時点で止めるという“duel au premier sang”と呼ばれる決闘だった。もっとも、ほどなく右腕に傷を負ったリビエールの求めにより、その後も闘いは続けられたが、リビエールの二度目の出血で決闘は終結となった。

176頁
1 Cf. Kiernan, *op. cit.*, p. 7.
2 Jeanneney, *op. cit.*, p. 185.

178頁
1 *Ibid.*, p. 127.
2 語り手はここで「（決闘をしたが）何も怖いことはなかった」と言っている（Proust, *Sodome et Gomorrhe*, *op. cit.*, p. 10. 前掲『ソドムとゴモラ I』三四－三五頁）。「臆病ではなかったので、よくすぐに決闘をした」と述べている箇所もある（*La Prisonnière, op. cit.*, p. 794）。

180頁

1　山室信一「世界戦争への道、そして「現代」の胎動」、山室信一・岡田暁生・小関隆・藤原辰史編『現代の起点　第一次世界大戦　1　世界戦争』岩波書店、二〇一四、一〇－一二頁。

2　Antoine Compagnon（ed.）, *La Grande Guerre des écrivains. D'Apollinaire à Zweig*, Folio classique, Paris, Gallimard, 2014, p. 9.

3　藤原辰史「戦争を生きる」、山室信一ほか編『現代の起点　第一次世界大戦　2　総力戦』岩波書店、二〇一四、九頁。

181頁

1　大戦で亡くなった家族の肖像を描いて一九九〇年にゴンクール賞をとったジャン・ルオーの小説はまさに「名誉の戦場」と題されている（Jean Rouaud, *Les Champs d'honneur*, Paris, Minuit, 1990）。

2　Maurice Barrès, «Charles Péguy mort au champ d'honneur» in *La Grande Guerre des écrivains, op. cit.*, pp. 127–131.

182頁

1　この呼称は、第一次大戦から使われはじめたのは確かだろうが（戦闘機はそれ以前にはなかったのだから当然である）、誰が使い出したのかは定かではない。フランスでは、今日にいたるまで、流行歌、大衆小説、ＳＦ、漫画、連続テレビドラマ、映画など、多くの作品のタイトルに使われてきた。第一次大戦をとくに想起させる呼称ではないようだ。

2　Compagnon, *op. cit.*, p. 35.

3　*Ibid.*, p. 36.

184頁

1　Pierre Drieu La Rochelle, «La Comedie de Charleroi», in *Romans, recits, nouvelles*, coll. "Bibliothèque de la Pleiade", Paris, Gallimard, 2012, pp. 386–387.

186頁

1　*Ibid.*, p. 374.

2　*Ibid.*, p. 389 *et al.*

188頁

1　ヤン・アペリ『ファラゴ』大浦康介訳、河出書房新社、二〇〇八、一六一頁。

190頁

1　Cf: Jacques Rancière, *La Parole muette. Essai sur les contradictions de la littérature*, Paris, Hachette, 1998.

192頁

1 ロベルト・エスポジト『三人称の哲学――生の政治と非人称の思想』（二〇〇七）、岡田温司監訳、講談社選書メチエ、二〇一一。

2 同書、一一三頁。

3 同書、六頁。

193頁

1 同書、二八頁。

2 同書、一一三頁ほか。

3 同書、一一一―一一二頁。

194頁

1 Emile Benveniste, «La nature des pronoms» (1956), *Problèmes linguistique générale*, vol. I, Paris, Gallimard, 1966（エミール・バンヴェニスト「代名詞の性質」『一般言語学の諸問題』岸本通夫監訳、河村正夫ほか訳、みすず書房、一九八三）。

195頁

1 エスポジト、前掲『三人称の哲学』一六八頁。

2 同書、一七二―一七四頁（「 」内はエスポジトによるバンヴェニストの引用）。

3 同書、一七四頁。

196頁

1 同書、一七五頁（アレクサンドル・コジェーヴ『法の現象学』今西仁司・堅田研一訳、法政大学出版局、一九九六、七五頁）。

2 同書、一七五―一七六頁。

197頁

1 同書、一九七頁。

199頁

1 N&E・A・ティンバーゲン『自閉症・治癒への道――文明社会への動物行動学的アプローチ』（一九八四、改訂版）、田口恒夫訳、新書館、一九八七、写真3。

2 Ami Klin, Warren Jones, Robert Schultz, Fred Volkmar, Donald Cohen, "Defining and Quantifying the Social Phenotype in Autism", *Am J Psychiatry* 159, 2002, pp. 895–908.

3 *Ibid.*, p. 899.

203頁

1 *Ibid.*, p. 906.

2 Ami Klin *et al.*, "Visual Fixation Patterns During Viewing of Naturalistic Social Situations as Predictors of Social Competence in Individuals With Autism", *Arch Gen Psychiatry* 59, 2002, pp. 809-816.

204頁 1 Ami Klin, "A New Way to Diagnose Autism", TED, posted Jun 2012.

205頁 1 もちろん例外はいくらもある。ある登場人物を焦点人物とする場合がそうであるし、「フィクション外」の人物をフィクション内に取り込もうとするメタフィクショナルな映画の場合も、その人物の視点がとられることが多い。

206頁 1 *Ibid.*

207頁 1 Ami Klin *et al.*, "Defining and Quantifying the Social Phenotype in Autism", *art. cit.*, p. 895.

210頁 1 佐原真「埴輪の目、仏像の目」『日本の美術　第三四六号　人物・動物はにわ』至文堂、一九九五、八六頁。

2 Roland Barthes, *L'Empire des signes* (1970), in *Œuvres complètes* III, Paris, Seuil, 2002, p. 435（ロラン・バルト『表徴の帝国』宗左近訳、ちくま学芸文庫、一九九六、一七二－一七三頁。ただし訳は大浦による）。

211頁 1 山田稔「鳥獣虫魚の文学」、桑原武夫編『文学理論の研究』岩波書店、一九六七、六九頁。

212頁 1 間直之助『サルになった男』雷鳥社、一九七二、一五八頁。

2 Kiernan, *op. cit.*, p. 14.

いまの時代、対面ははやらないのだと思う。とくに日本ではそうだ。テレビを見れば一目瞭然である。ニュース・キャスターにせよ、番組の司会者にせよ、お笑い芸人にせよ、ひとりで、正面を向いて、一定時間（一瞬ではなく）視聴者に語りかけることはきわめて稀である。横並びにならんだ彼らの数はますます増える傾向にある（「雛壇芸人」がいい例だ）。言葉は横や斜めに循環するばかりで、なかなか正面に、直接視聴者の方に向かわない。それだけではない。番組でVTRを流すときには、画面の隅に小さなウインドーが設けられ、そのなかにVTRを見ている出演者の表情が映し出される。視聴者と「いっしょに見ている」という演出だ。いうまでもなく「感動」を誘導する仕掛けである。出演者は、視聴者と対面しているどころか、視聴者の側に、視聴者と横並びでVTRを眺めているという（むろん架空の）設定なのである。

要するに、対面は「重い」のである。テレビのディレクターたちは一種の嗅覚をもってそのことを知っているはずである。いや、単にこれがいま「受ける」テレビ番組のフォーマットだと思っているだけかもしれない。それはともかく、考えてみれば、これは、パワーポイントを使ってする企業の「プレゼン」や、学会や研究会での発表に似ていなくもない（例の「小窓」こそないが）。そこでは発表者も聴き手もスクリーンを見ているので、両者が目を合わせることは瞬間的にしかない。もっとも、発表者が紙媒体のレジュメや原稿を下を向いて読み上げ、聴き手は聴き手でやはり下を向いてそれをひたすら目で追っているという、従来型の発表に対面があったかというと、それもすこぶる疑わしい。対面回避はいまに始まったことではないのである。テクノロジーの助けもあって、それがますます徹底され、巧妙になり、しかも誰もがそれを当り前と思うようになったということだろう。いずれにしても、対面はいまやどこか「古くさい」ふるまいとなってしまった。

学校の授業もおそらく変わってゆくことだろう。それは、教師と生徒が向き合う対面型から、なんらかの視覚教材を介在させた非対面型にますます移行してゆくだろうし、たとえば机と椅子を円形に並べ、教師はそのうちのひとつに坐るだけといった新たな教室空間が出現する日も来るにちがいない（すでに来ているのかもしれない）。視線や注意の「乱反射」に慣れっこになり、むしろそこにしか心の平衡を見出せない子供にたいしては、対面的に集中力を養うというようなことは早晩諦められるだろう。

こうした風潮にたいする反発が本書を書かせたわけではいささかもない。読めば分かることだが、出発点はまったく別のところにあった。ただ、この本を書き進む過程で、対面の問題と「時代」とのかかわりについて気づかされたことは少なくなかった。私はいまのテレビ番組の大半を単に「うるさい」としか思わないが、それは見なければすむ話だ。いちおうはすむ話である。それにこうした傾向にたいする「反発」がいかに空しいかも知っているつもりである。虚無的になっているということではない。ここには時代の可能性も限界も、発見も過誤も、ほとんど分かちがたい形で見出されるのである。もし理解の目安、さらには抵抗の拠点といったものがあるとしたら、それは私たちの身体を措いてはないだろう。何百年とそれほど変わらない身体、ときに「悲鳴を上げる」身体である。大事なことは、個別具体例を超えて、時代の大きなうねりの背後にある「論理」を言い当てることだろう。この点で本書になんらかの貢献ができたとは思わないが、何かを真に変える可能性はそこにしか潜んでいないという気がする。

本書は断章という形式をとったが、私にとってそれはごく自然な選択だった。ひとつには、それがテクストのパッチワークや言説タイプの混淆にとって好都合だったからである。また、対面性というこの「つかみどころのない」テーマを前にして、私には通常の論述形式では書けない（あるいは書きたくない）という思いがあった。私にとってこのテーマは「場面の思考」とでも呼ぶべきものと密接に結びついている。そのつどの状況や情景と不可分の、具体性をもった、「色のある」思考である。そうした思考を記すのには日記に似た断章形式がふさわしいと思われた。この形式は、思考をそのプロセスとともに提示すること、さらには場面場面で「考える私」というものを演出することを容易にしてくれる。もちろんこれらが本書においてどこまで達成できたかはまた別問題である。じっさい本書には少なからず「論文くさい」箇所も交じっており、全体として調和を欠いたものになってしまったのではないかと危惧している。しかしいまは読者のご判断に委ねるほかない。このような思考の「蛇行」と「寄り道」に付き合ってくださる読者がいるとしての話だが……

本書の内容の一部に関しては、吉川一義さん、立木康介さん、ニコラ・タジャンさん、近藤秀樹さん、村上祐二さんなど、親しくさせていただいている何人かの研究者の方々のご意見を仰いだ。とくにタジャンさんには「ひきこもり」に関するご自身の論文や詳細な書誌情報をいただき、大いに助けられた。いうまでもなく本書の文責はすべて私にあるが、貴重なご意見をたまわったこれらの心やさしい先輩や研究仲間に感謝したい。また、本書がこうして日の目を見ることができたのは、ひとえに筑摩書房の田中尚史さんのおかげである。田中さんの誠実なご対応と、的確なご指示、ご提案には、どれほど励まされたか分からない。心よりお礼を申し上げる次第である。

大浦康介（おおうら・やすすけ）

1951年生まれ。京都大学文学部卒業。同大学院文学研究科修士課程、パリ第7大学大学院博士課程修了。現在、京都大学人文科学研究所教授。専門は文学・表象理論、フランス文学。主な著書に『誘惑論・実践篇』（晃洋書房、2011年）、『フィクション論への誘い――文学・歴史・遊び・人間』（編著、世界思想社、2013年）、『日本の文学理論――アンソロジー』（編著、水声社、近刊予定）など。訳書に、ヤン・アペリ『ファラゴ』（河出書房新社、2008年）、ピエール・バイヤール『アクロイドを殺したのはだれか』（筑摩書房、2001年）、同『読んでいない本について堂々と語る方法』（筑摩書房、2008年。ちくま学芸文庫、2016年）など。

対面的《たいめんてき》〈見《み》つめ合《あ》い〉の人間学《にんげんがく》

2016年12月25日　初版第1刷発行
2017年 7 月15日　初版第2刷発行

著　者　大浦康介
発行者　山野浩一
発行所　株式会社　筑摩書房
東京都台東区蔵前2-5-3　郵便番号111-8755
振替　00160-8-4123
装幀者　菊地信義
印　刷　株式会社精興社
製　本　牧製本印刷株式会社

乱丁・落丁本の場合は下記宛にご送付下さい。送料小社負担でお取り替えいたします。
ご注文、お問い合わせも下記へお願いいたします。

筑摩書房サービスセンター
さいたま市北区櫛引町2-604　〒331-8507
電話　048-651-0053

　ISBN978-4-480-84312-8　C0010

◉筑摩書房の本◉

〈ちくま学芸文庫〉

倫理と無限

フィリップ・ネモとの対話

エマニュエル・レヴィナス
西山雄二訳

自らの思想の形成と発展を、代表的著作にふれながら語ったインタビュー。平易な語り口で、自身によるレヴィナス思想の解説とも言える魅力的な一冊。

〈ちくま学芸文庫〉

実存から実存者へ

エマニュエル・レヴィナス
西谷修訳

世界の内に生きて「ある」とはどういうことか。存在は「悪」なのか。初期の主著にしてアウシュヴィッツ以後の哲学的思索の極北を示す記念碑的著作。

〈ちくま学芸文庫〉

レヴィナス・コレクション

エマニュエル・レヴィナス
合田正人編訳

人間存在と暴力について、独創的な倫理にもとづく存在論哲学を展開し、現代思想に大きな影響を与えているレヴィナス思想の歩みを集大成。

〈ちくま学芸文庫〉

ひきこもり文化論

斎藤環

「ひきこもり」にはどんな社会文化的背景があるのか。インターネットとの関係など、多角的にその特質を考察した文化論の集大成。

解説　玄田有史